Friedrich Walter

Studien zu Tacitus und Curtius

Friedrich Walter

Studien zu Tacitus und Curtius

ISBN/EAN: 9783744682497

Hergestellt in Europa, USA, Kanada, Australien, Japan

Cover: Foto ©ninafisch / pixelio.de

Weitere Bücher finden Sie auf **www.hansebooks.com**

STUDIE

zu

CITUS UND CURTIUS

VON

FRIEDRICH WALTER.

PROGRAMM

DES

WILHELMS–GYMNASIUMS IN MÜNCHEN

für das Studienjahr 1886/87.

München 1887.

DRUCK VON H. KUTZNER.

I. Kritische Bemerkungen zu Tacitus.

A. III. 62 proximi hos Magnetes L. Scipionis et Luci Sullae constitulis nitebantur, quorum ille Antiocho, hic Mithridate pulsis fidem atque virtutem Magnetum decorávere, uti Dianae Leucophrynae perfugium inviolabile foret. Sieht man die Stelle für heil an, so mufs man uti von constitulis abhängen lassen, was wegen der weiten Entfernung des Substantivs von der Konjunktion sehr mifslich ist. Wahrscheinlich ist vor decoravere d e c r e t o ausgefallen, auf welches sich dann uti passend beziehen würde.

a. XI. 35 admotusque Silius tribunali non defensionem non moras templavit, precatus, ut mors adceleraretur. eadem constantia et inlustres equites Romani + cupido maturae necis fuit. Haase glaubte die Stelle dadurch zu verbessern, dafs er schrieb: eàdem constantia et i. equites R. c u p i d i m. necis f u e r u n t (sehr unwahrscheinlich wegen eàdem constantia . . cupidi), Urlichs schlug vor: eadem constantia et i n l u s t r i b u s e q u i t i b u s Romanis a c cupido m. necis fuit (geht vom Text der Handschrift sehr weit ab); der Text ist einfach dadurch zu heilen, dafs ea vor cupido eingesetzt wird, und zu lesen: eadem constantia et inlustres equites Romani (sc. fuere oder egere): e a cupido maturae necis fuit; vgl. die sehr ähnliche Stelle h. III. 84 cecidere omnes contrariis vulneribus, versi in hostem: ea cura etiam morientibus decori exitus fuit.

a. XV. 58 atque ubi dicendam ad causam introissent, + latatum erga coniuratos et fortuitus sermo et subiti occursus, si convivium, si spectaculum simul inissent, pro crimine accipi. Halm schlug für das korrupte latatum: c l a m a c t u m vor, Verfasser emendiert: l a t e a c t u m („es wurde des langen und breiten verhandelt"), eine Konjektur, welche durch die im Text folgenden Worte et fortuitus sermo etc. selbst trefflich erläutert wird; zù late vgl. Quintil. decl. 59.15 Ritter: si latius agendum esset, illud dicerem: abdicare (filiam) propter matrimonium non potes, Tac. hist. I. 90 genus orandi

1*

latum et sonans, Sen. epp. 100 sensus honestos et magnificos, non coactos in sententiam, sed latius dictos, Caes. b. civ. II. 17. 4 latius, perscribebat, Cic. fin. II. §. 17 latius loquerentur rhetores, dialectici autem compressius, Liv. XLV. 31. 13 quaerendo deinde latius, qui publice aut privatim partium regis fuissent, in Asiam quoque cognitionem intendere. — Andresen folgt der Lesart la etatum und übersetzt: „Dafs man den Verstorbenen gegenüber seine Freude geäufsert."

h. V. 5 corpora condere quam cremare, e more Aegyptio: eademque cura et de infernis persuasio. Wer die Stelle als heil ansieht, versteht und übersetzt mit Bötticher etwa so: „Die Leichen setzen sie bei, anstatt sie zu verbrennen, nach ägyptischer Weise, mit welcher sie auch die Sorgfalt hiebei und den Glauben an die Unterwelt teilen." Was hier cura bedeutet, sagt Walther mit folgenden Worten: „Trillerus coniecit condire (für condere). refellitur ab Elsnero etc. nam eo spectat , „potius"'" verba: eademque cura". Wie wenige möchten jedoch ohne Kommentar auf diese einzig mögliche Erklärung kommen? Daher hat Heräus ganz recht, wenn er sagt: quidquid curae in sepultura corporum adhibetur, sive humantur sive cremantur, nihil ad Judaeorum de infernis persuasionem pertinet. itaque transposito cura vocabulo ratio et ordo sententiarum restituatur, necesse erit; derselbe schreibt: corpora condire quam cremare, e more Aegyptio cura: eademque est de infernis persuasio. Nun versichert mir aber das Sprachgefühl, dafs condere und cremare abhängig sind von: e more Aegyptio; ferner sind die von Heräus zur Rechtfertigung des Infinitivs bei cura herangezogenen Stellen nicht deckend (am wenigsten Plin. epp. V. 10 erit mihi curae explorare etc.), endlich halte ich die Umwandlung des et nach eademque in est für nicht wahrscheinlich. Uebrigens nimmt auch der Verfasser eine Umstellung vor und liest: eademque de infernis cura et persuasio. Berücksichtigt man nämlich die folgenden Worte: caelestium contra (scil. persuasio). Aegyptii pleraque animalia effigiesque compositas venerantur, Judaei mente sola unum nomen intellegunt: profanos, qui deum imagines mortalibus materiis in species hominum effingant (worin T. dem Formenkultus der Ägypter die — nach seiner Meinung — bei den Juden vorherrschende innerliche Gottesverehrung gegenüberstellt), so erklärt sich leicht, was unter cura und was unter persuasio zu verstehen ist; ersteres bezieht sich auf die Erfüllung der Kultusformen (das venerari deos), letzteres auf die Überzeugung von der Richtigkeit der Lehre über das immaterielle Sein und Wesen der Gottheit (das intellegere deos).

Germ. 36 ubi manu agitur, modestia ac probitas nomine +
superioris sunt. Der beträchtlichen Anzahl von Versuchen, diese
schwierige Stelle zu heilen, sei ein neuer Verbesserungsvorschlag bei-
gesellt, welcher lautet: nomina et superioris sunt. Zu übersetzen
wäre die Stelle dann so: „Wo das Faustrecht herrscht, sind Gesetzlich-
keit und Biederkeit blofse Namen und in des Stärkeren Gewalt." Zum
Ausdruck, besonders zum explikativen et, vgl. Suet. deperd. libror. frgm.
p.. 313 Roth: rixa humilius et seditionis est.

Agr. 38 Britanni .. miscere in vicem consilia aliqua +, deinde
separare: aliquando frangi aspectu pignorum suorum, saepius concitari.
aliqua kann allerdings Dittographie von aliquando sein, wie jetzt allgemein
angenommen wird, es kann aber auch verderbt sein aus aliquamdiu;
dieses Adverb pafst sehr gut, weil in den Worten miscere .. separare
nicht (wie in aliquando frangi aspectu etc.) von einem öfter wechselnden
Zustand die Rede ist; vielmehr haben die Britannier eine Zeit lang gemeinsam rat gepflogen, dann aber jeder, was ihm geraten schien, unab-
hängig von den anderen gethan, vgl. die folgenden Worte ubi incerta fugae
vestigia neque usquam conglobari hostes compertum et exacta iam ae-
state spargi bellum nequibat etc. Wenn Tacitus das Wort aliquamdiu
nicht gebraucht, so ist dies blofser Zufall. Es findet sich dasselbe sonst
oft genug, so bei Cicero, Cäsar, Nepos, Livius, Sallust, Seneca, Florus,
Plinius etc., und zwar entspricht ihm, gerade wie an unserer Stelle, häufig
ein anderes Zeitadverb (deinde, postea, postremo), vgl. Plin. epp. ad Traian.
70. 2 ex ea reditum aliquamdiu civitas percepit, deinde .. domus tota
cònlapsa est, Caes. b. G. I. 40. 6 quod quos aliquamdiu inermos sine
causa timuisset, hos postea armatos ac victores superasset, Liv. XLV. 6. 6
vagatus Perseus aliquamdiu in litore, postremo timens lucem etc. Auch
die Stellung des vorgeschlagenen aliquamdiu kann nicht auffallen; es
steht ebenso hinter dem Verb an der eben erwähnten Liviusstelle u. Flor.
II. 9. 26 Marium .. servatum aliquamdiu, ut ..

In den Jahrbüchern für klass. Philol. 1885 S. 407 habe ich vor-
geschlagen a. IV. 65 zu lesen: Caelium appellitatum a Caele Vibenna,
qui dux gentis Etruscae, cum in auxilium adventavisset, sedem
eam acceperat a Tarquinio Prisco (Hdschr.: cum auxilium appellatum
tavisset).

·Zum Perfekt des Iterativums adventare sei nachträglich bemerkt,
dafs Frequentativa im Perfekt und Plusquamperfekt bei Tacitus nichts

Ungewöhnliches sind, so steht Agr. 43 ventitavere, a. XIV. 41 emptitasset, c. 42 mansitaverat, XV. 20 dictitasset. adventare selbst findet sich in den genannten Zeiten gebraucht: Dict. Cretensis III. 15 auxiliatum Priamo adventaverat, II. 20 populares electos ac magni nominis adventasse, VI. 6 Ulixen adventasse, Pseud.-Sall. de rep. I. 5. 2 qua tempestate urbi Romanae fatum excidii adventarit.

Dagegen nimmt Verfasser seinen a. a. O. S. 408 gemachten Vorschlag, in der Stelle a. XI. 26 nomen .. matrimonii concupivit ob magnitudinem infamiae, cuius apud p r o d i g o s novissima voluptas est nach apud : p u - d o r i s einzusetzen, zurück, und verweist auf die für die Richtigkeit der Überlieferung sprechende Stelle Quintil. declam. 163. 8 Ritt.: viderint isti, qui prodigis (= libidinosis) omnes oculis intuentur. Walther erklärt prodigos richtig als „ἀσώτους, gallice roués: h. e. in omne genus flagitiosae voluptatis effusos". — Übrigens sei erwähnt, dafs Sen. epp. 122. 18 ganz derselbe Gedanke steht, wie hier bei Tacitus: nolunt solita peccare, quibus peccandi praemium infamia est.

a. XV. 62 imaginem vitae suae relinquere testatur, cuius si memores essent, bonarum artium famam + tam constantis amicitiae laturos (diese Worte richtet der sterbende Seneca an seine Freunde) habe ich a. a. O. nach famam: f a m a eingeschoben. Für die Wiederholung famam fama spricht besonders der Umstand, dafs der genannte Philosoph ein grofser Freund derartiger Wendungen ist, vgl. epp. 89 magna magnorum, 90 urbium urbes, 102 bonos bonus, 108 potentem potentes, 110 fames famem, 9 fructu fruitur, 7 interfectores interfecturis, 13 proiecit animum proiectus, 19 accesserit accedet, 90 faciebant facienda, 98 ante miserias miser, amittere amissuri, 102 iudicasse iudicantis, 109 exercendo exerceat. Beispiele solcher Wiederholungen aus Tacitus selbst sind: Agr. 18 ipsa dissimulatione f a m a e f a m a m auxit u. hist. II. 80 in rebus novis novum.

hist. I. 87 curam navium Moschus libertus retinebat, ad observandam honestiorum fidem i m m u t a t u s. Für immutatus (was heifsen würde „in seiner Stellung belassen") hat Heräus in der vierten Auflage des ersten Bandes der Historien meine Konjektur i m m u t a t o s t a t u in den Text aufgenommen. Aber die Stelle ist vielleicht doch heil, vgl. Capitol. Pertin. 12. 8 n u l l u m ex eis, quos Commodus rebus gerendis inposuerat, m u t a v i t und Gell. XVI. 13. 4 Hadrianus .. mirari se ostendit, quod et ipsi I t a l i - c e n s e s et quaedam item alia municipia antiqua .., cum suis moribus legibusque uti possent, in ius coloniarum m u t a r i gestiverint.

hist. II. 7 non fallebat duces impetus militum, sed bellantibus aliis placuit exspectari. bellum cum in victores victosque nunquam solida fide coalescere. Meine in den Blätt. f. d. bayr. Gymnasialschulw. XX. 503 vorgebrachte Konjektur: bellum incumbere in victores etc. wird durch folgende Parallelen unterstützt: Flor. II. 13. 6 bellum Africae incubuit, Heges. I. 16. 1 bellum incubuit, III. 8. 3 ad urbem Hierosolymam bellum incubuisse. Auch spricht das im Tacitustext folgende solida für meinen Vorschlag. incumbere deutet nämlich die ruina an, die durch den Bürgerkrieg verursacht würde, so dafs eine solida (unerschüttert) fides zwischen den Parteien nicht mehr möglich wäre. Ein ähnlicher Gegensatz, wie der, welcher hier gewissermafsen zwischen incumbere und solida besteht, findet sich Sen. ir. I. 16. 23 nihil solidi subest, sed in ruinam prona sunt, quae sine fundamentis crevere; vgl. auch noch Cic. Balb. § 58 fuit hoc . . fatum, ut in me unum omnis illa inclinatio communium temporum incumberet. non modo exsultavit in ruinis nostris Cornelius, sed etc.

Agr. 33 ergo egressi, ego veterum legatorum, vos priorum exercituum terminis, finem Britanniae non fama nec rumore, sed castris et armis tenemus: inventa Britannia et subacta. Diese letzten Worte sind weder zu ändern, noch zu streichen (wie Urlichs meinte), sondern als rhetorische Übertreibung aufzufassen, vgl. Ampel. 18. 20 Caesar . . navigavit Oceanum, in quo Britanniam invenit et vicit, Tac. Agr. 10 insulas, quas Orcadas vocant, invenit domuitque.

— —————— — ——

II. Die stilistischen Berührungspunkte des Curtius und Tacitus.

Bevor Tacitus im Agricola den Verlauf der Entscheidungsschlacht am Berge Graupius schildert, läfst er in den Kapiteln 30—34 die beiden gegnerischen Anführer, den Häuptling der Britannier, Calgacus und den römischen Feldherrn Agricola, schwungvolle Reden an ihre Truppen halten. In gleicher Weise gehen bei Curtius, Buch IV Kap. 14, der Schilderung des Kampfes bei Arbela zwei Ansprachen des Alexander und des Darius an ihre Heere voran. Diese Reden bei Tacitus und Curtius geben zu mehrfacher Vergleichung Anlafs; bei beiden Autoren sind die Ansprachen der Sieger viel kürzer als die der Besiegten; beide lassen den unterliegenden Teil auf die Weiber und Kinder hinweisen, welche den Eroberern als Beute anheimfallen; beide legen den Siegern den Gedanken in den Mund, dafs ein Rückzug nicht möglich, und eine Niederlage mit gänzlicher Vernichtung gleichbedeutend sei. Im Einzelnen sind die Berührungspunkte folgende:

Curt. IV. 14.	Agr.
§ 1. ingentia spei gloriaeque incitamenta.	cap. 32. omnia victoriae incitamenta.
§ 2. reprehensos ex fuga Persas pugnaturos, quia fugere non possent, vgl. VII. 4. 4 deprehensus hostis ne fugae quidem, nedum resistendi occasionem fuerit habiturus.	cap. 34. reliquus est numerus .. metuentium, quos quod tandem invenistis, non restiterunt, sed deprehensi sunt.
§ 4. ob id ipsum, quod ignoti essent, ignobiles esse.	cap. 30 omne ignotum pro magnifico est (besagt das Gegenteil von der Sentenz bei Curt.).
§ 4. inbelles ex latebris suis erulos.	cap. 33 e latebris suis extrusi.
§ 7. pervenisse (eos) eo, unde fugere non possent. tot terrarum spatia emensis, tot amnibus montibusque post tergum obiectis iter in patriam manu esse faciendum.	cap. 33 ut superasse tantum itineris, silvas evasisse, transisse aestuaria pulchrum in frontem, ita fugientibus periculosissima, quae hodie prosperrima sunt .. neque exercitus neque ducis terga tuta esse.
§ 9. iam non de gloria, sed de salute .. pugnandum est. vgl. Sall. Jug. 114, 2. cum Gallis pro salute, non pro gloria certari, 94, 5, Liv. XXI. 41. 13 utinam pro decore, non pro salute esset certandum, Justin. XXVIII. 4. 2.	cap. 31. sumite animum, tam quibus salus quam quibus gloria carissima est.
§ 11. coniuges quoque et liberi sequuntur hanc aciem.	cap. 32. nullae Romanos coniuges accendunt.
§ 16. quae antea pro illis erant, in contrarium versa sunt.	cap. 32. omnia victoriae incitamenta pro nobis sunt, vgl. hist. IV. 78 cuncta pro hostibus erant.

Es wird wohl Niemand diese Übereinstimmungen für zufällig erklären wollen. Fragen wir nun nach dem Grunde derselben, so ergeben sich drei Möglichkeiten: entweder hat Curtius den Tacitus benützt, oder letzterer den ersteren, oder es haben beide einem dritten Schriftsteller nachgebildet. Dafs Curtius den Tacitus nachgeahmt habe, wird heute wohl niemand mehr behaupten; ist es doch so viel wie erwiesen, dafs die Stelle Curt. X, 9. 4 huius, hercule (sideris), non solis ortus lucem caliganti reddidit mundo, cum sine suo capite discordia membra trepidarent unter dem frischen Eindruck der Thronbesteigung des Claudius geschrieben wurde; aber auch diejenigen, welche diese Worte des Curtius auf den Kaiser Vespasian beziehen, setzen den Schriftsteller immer noch in die Zeit vor Tacitus. Es ist also jetzt die Frage nur mehr die: hat Tacitus bei Verfassung der Agricola-Reden den Curtius oder haben beide einen Dritten nachgeahmt? Gegen erstere Annahme läfst sich, abgesehen vom grundverschiedenen Charakter der Geschichtsschreibung beider, sofort geltend machen, es sei gar nicht wahrscheinlich, dafs der gröfste römische Schriftsteller ganze Reden eines Werkes nachgebildet habe, das nirgends bei den Alten auch nur flüchtige Erwähnung findet.

Angenommen aber, Tacitus habe wirklich an den Ansprachen bei Curtius so grofsen Gefallen gefunden, dafs er dieselben der Nachbildung für würdig erachtele, so würde er doch wohl den einen oder anderen Satz unverändert aus seinem Vorbild in sein Werk übertragen haben, ebenso wie er ja ganze Stellen aus Sallust und Livius wörtlich entnommen hat. Aber von solcher Übereinstimmung im Wortlaut bemerken wir nichts an den oben gegebenen Parallelen, vielmehr bringen beide Schriftsteller dieselben Gedanken in mehr oder minder veränderter Gestalt vor.*)

Es bleibt also nur die Annahme als wahrscheinlich bestehen, dafs in der Benützung eines dritten Autors die Ursache der oben angeführten Berührungspunkte zu suchen ist. Als dieser kann, wie mir scheint, nur Sallust**) in Betracht kommen; ihn hat Tacitus im Agricola überhaupt, besonders aber in den erwähnten Ansprachen nachgeahmt, wie die folgenden Stellen zeigen.***)

---

*) Auch mit den Reden des Scipio und Hannibal bei Liv. XXI. 40—44 zeigen, wie Eufsner Bl. f. d. bayr. Gymnasialschulw. XIII. 156 ff. nachgewiesen hat, die Ansprachen im Agricola mehrfache Ähnlichkeit. Freilich sind die von Eufsner a. a. O. aus Liv. beigebrachten Parallelen zu den Agricola-Reden weit weniger augenfällig wie die oben stehenden aus Curtius.
**) Dahin geht auch die Vermutung Eufsners Philol. XXXII. 551.
***) Vgl. Schönfeld de Taciti studiis Sallustianis pag. 52.

Sall.	Agr.
Cat. 58. 18. cum vos considero, milites, et cum facta vostra aestumo, magna me spes victoriae tenet.	cap. 30. quotiens causas belli et necessitatem nostram intueor, magnus mihi animus est ·hodiernum diem . . initium libertatis toti Britanniae fore.
Jug. 31. 11. servi aere parati iniusta imperia dominorum non perferunt; vos, Quirites, in imperio nati, aequo animo servitutem toleratis?	cap. 31. nata servituti mancipia semel veneunt.. Britannia servitutem suam cotidie emit, cotidie pascit.
Hist. 61. (19) 17. an ignoras Romanos, postquam ad occidentem pergentibus finem Oceanus fecit, arma huc convertisse . . neque quicquam nisi raptum habere, quibus non humana ulla neque divina obstant, quin socios amicos, procul iuxta sitos, inopes potentesque trahant excindant.	cap. 30. raptores orbis, postquam cuncta vastantibus defuere terrae, iam et mare scrutantur . . auferre trucidare rapere falsis nominibus imperium . . appellant.
Cat. 58. 9 si vincimus, omnia nobis tuta sunt, commeatus abunde.. sin metu cesserimus, eadem illa advorsa fient: neque locus neque amicus quisquam teget, quem arma non texerint.	cap. 33. omniaque prona victoribus atque eadem victis adversa . . neque enim nobis . . commeatuum eadem abundantia, sed manus et arma et in his omnia (Jug. 51. 4 in armis omnia sita).

In derselben Weise hat auch Curtius bei Abfassung der Reden des Darius und Alexander den Sallust an mehreren Stellen zum Vorbild gehabt; diese sind: *)

Sall.	Curt. IV. cap. 14.
Cat. 58. 7 ferro iter aperiundum est.	§ 7. iter . . manu esse faciendum.
Jug. 49. 3 illum diem aut omnis labores et victorias confirmaturum aut maxumarum aerumnarum initium fore.	§ 10 hic dies imperium . . aut constituet aut finiet; Tac. h. V. 17 illum diem aut gloriosissimum inter maiores aut ignominiosum apud posteros fore.

*) Vgl. Widemann Philolog. XXXI. 759.

Cat. 58. 19 necessitudo, quae etiam timidos fortis facit.

Cat. 58. 8 memineritis vos...
libertatem atque patriam in dextris vostris portare.

§ 22 etiamsi spes non subesset, necessitas tamen stimulare deberet. V. 4. 31 ignaviam quoque necessitas acuit.

§ 25 in dextris vestris iam libertatem, opem, spem futuri temporis geritis.

Demnach ist es gewifs höchst wahrscheinlich, dafs die oben angegebenen Berührungspunkte zwischen Curtius und Tacitus auf gemeinsame Benutzung des Sallust zurückzuführen sind. Da nun die Originalstellen, welche zur erwähnten Benutzung Anlafs gaben, in den erhaltenen Werken des Sallust nicht aufzufinden sind, so wird in der verloren gegangenen Schrift dieses Autors, den Historien, eine Stelle gestanden sein, deren Gedanken und Wendungen beide Autoren bei Abfassung der Ansprachen füglich benützen konnten. Was aber sollte dieselbe anderes enthalten haben, als zwei Reden von Feldherrn, welche ihre Truppen zur Tapferkeit in der bevorstehenden Schlacht anfeuern wollten? Nehmen wir an, es seien diese Ansprachen kurz gehalten oder indirekt*) abgefafst gewesen, so wird auch der Einwand hinfällig, dafs uns dieselben, wenn sie existiert hätten, ebenso gut überliefert worden wären, wie die sechs aus den Historien des Sallust exzerpierten Reden und Briefe.

Manche andere Berührungspunkte beider Schriftsteller werden ebenfalls mit ziemlicher Sicherheit auf den Einflufs des Sallust zurückgeführt.**) Für sehr viele ist das Original bei Livius zu suchen. In den weitaus meisten Fällen aber haben wir gar keinen Anhaltspunkt dafür, dafs ein dritter Autor beiden Anlafs zu bewufster oder unbewufster Nachahmung gegeben hat. Auch brauchen wir gar nicht anzunehmen, dafs ein solches Original jedesmal existiert habe; liegt es ja doch sehr im Bereich der Möglichkeit, dafs Tacitus das Werk des Curtius nicht unbekannt war. Nehmen wir dies an, so dürfte wohl manche Stelle in den Werken des grofsen Römers, welche an Curtius erinnert, als eine Reminiszenz aus diesem zu betrachten

---

*) Wie die Ansprachen des Cerialis und des Civilis h. V. 16 u. 17, oder die Rede Agr. 15, welche die Gesinnungen der Britannier wiedergiebt, oder die des Alexander an seine Truppen, Curt. III. 10.
**) Vgl. unten in der Zusammenstellung Curt. III. 6. 18, cap. 13. 10, IV. 7. 6, § 26, cap. 14. 10, V. 12. 2, VI. 3. 13, VII. 5. 4, VIII. 14. 9.

sein. Es läge also unbewufste Nachahmung vor, und würde sich so die Übereinstimmung in Worten und Gedanken, welche sich in Stellen wie Curt. IV. 8. 3. u. a. II. 59 (s. unten), V. 11. 10 u. a. VI. 22, VIII. 2. 34 u. a. XII. 51, X. 5. 7 u. a. III. 4 findet, sehr einfach erklären. Dafs an eine bewufste Nachbildung von curtianischen Stellen durch Tacitus nicht zu denken ist, haben wir bereits oben erörtert.

Im Folgenden wird eine ziemlich erschöpfende Zusammenstellung der stilistischen Berührungspunkte beider Schriftsteller gegeben. Auch die nachklassischen Wendungen, welche ihnen gemeinsam sind, finden sich möglichst vollständig verzeichnet. Von dem Plane, das Syntaktische und das Stilistische in gesonderten Abschnitten zu behandeln, stand der Verfasser deshalb ab, weil Curtius und Tacitus hinsichtlich des ersteren Punktes wenig nur ihnen Eigentümliches bieten, eine nach bestimmten Gesichtspunkten gegliederte Darstellung der stilistischen Berührungspunkte aber bei der Verschiedenartigkeit des Materials nicht möglich gewesen wäre. Der Verf. hat daher, was bemerkenswert erschien, in der Reihenfolge der Curtiuskapitel vorgetragen, ein Verfahren, welches auch die praktische Benützung der Sammlung sehr erleichtert.

Sehr viele der gegebenen Parallelen sind den bezüglichen Ausgaben der Werke des Tacitus von Nipperdey-Andresen, Heräus und Dräger, denen des Curtius von Vogel und Mützell, sowie anderen Schriften entnommen; den gröfsten Teil derselben aber hat der Verf. der Lektüre beider Geschichtsschreiber und der Unterstützung zu verdanken, welche ihm durch das Lexicon Taciteum von Gerber-Greef und das Curtius-Wörterbuch von Eichert zu Teil wurde.

Der angehängte Index spricht selbst für sich.

Curt. III. 1. 3 circumiectos campos; das nachklassische circumiectus (= umliegend) steht auch III. 10. 2, IV. 12. 23, h. III. 43, a. VI. 31, XII. 31, XV. 37, I. 21. — § 6 ni dederent, ipsos ultima esse passuros, ebenso heifst es h. II. 46 ipsos extrema passuros (IV. 59 extrema passuros, wozu Her.). — § 8 omnia sibi in dies artiora esse viderunt, vgl. a. III 74 arta et infensa hostibus cuncta fecerat und Liv. XLV. 36. 3 contra in praemiis, in honoribus omnia artata. — § 14 cultus = Schmuck, Ausstattung ist nachklassisch; bei Curtius steht das Wort in dieser Bedeutung noch cap. 3. 13, V. 9. 1,

IX. 10. 23, bei Tacitus Germ. 6 u. 17, a. XIII. 13, XVI. 31. — § 15 notabile erat iugum, das gleiche Adjektiv steht am Satzanfang h. II. 53 notabile iurgium fuit. — § 18 sors oraculi (= responsum) (§ 16), V. 4. 11 u. h. IV. 83 ist poetisch und nachklassisch (nach Heräus zur Tacitusst.). — § 22 trahere originem findet sich auch a. XIII. 27, Val. Max. II. 4. 4. — cap. 2. 2 quo maiore animo capesserent bellum erinnert an h. III. 16 ut magno animo capesserent pugnam; Liv. XXVI. 25. 5 und Curt. IV. 9. 1 steht capessere bellum, Liv. II. 6. 8 u. a. XII. 30 c. pugnam. — § 3 turba maiorem quam pro numero speciem ferens (= praeferens), wie h. II. 65 laetitiam et gratulationem vultu ferens. — cap. 3. 2 instantes curae steht auch VI. 2. 1, h. I. 78. — §. 3 castra Alexandri magno ignis fulgore conlucere ei visa sunt, ganz ähnlich h. V. 13 visae .. acies .. et subito nubium igne collucere templum. — ibid. adduci in eo vestis habitu (= habitu indutus), IV. 13. 15 in candida veste, VI. 6. 10 in captivo habitu reversuros ist nachklassisch; Tacitus setzt in solchen Verbindungen den blofsen Ablativ, h. I. 48 situm castrorum .. militari habitu ingressa, III. 73, IV. 36, a. I. 69, XVI. 21. — ibid. und IV. 1. 22 vestis habitus, vgl. h. II. 5 veste habituque. — § 6 vetera quoque omina .. sollicitudo revocaverat, vgl. hist. II. 78 recursabant animo vetera omina. — ibid. imperium Persarum ad eos transiturum, ganz ähnlich heifst es h. I. 52 imperium brevi transiturum, Curt. VIII. 12. 14 in quemcunque (imperium) transiret. — § 7 edere in vulgus steht auch IV. 10. 7, a. XV. 63, Caes. b. c. III. 29. — § 10 Persis quoque in totidem dies (sc. in quot Romanis) discriptus est annus erinnert an Germ. 26 annum quoque ipsum- non in totidem digerunt species. — § 11 albentes equi (= albi); das poetische albens findet sich bei T. a. I. 61 albentia ossa, VI. 37 spumae albentes, XI. 4 folia a. — cap. 4. 2 munimenta quae manu ponimus, IV. 3. 3 opera in capite molis posita, a. XV. 74 templum ponere steht ponere für aedificare dichterisch, vgl. das griechische τιθέναι. — § 3 ut hosti solitudinem faciat, VIII. 8. 10 ut dimidia parte terrarum solitudinem facerem, IX. 2. 24 solitudinem in Asia fecistis, vgl. Agr. 30 ubi solitudinem faciunt. — § 5 retro ipse concessit, ebenso a. XV. 5 ipse retro concedit. — § 7 dorsum, qua maxime introrsus mari cedit; in derselben poetischen Bedeutung steht cedere a. II. 16 ut ripae fluminis cedunt. — § 11 saxa in subeuntes propellere, wie h. III. 29 propellere in subeuntes ballistam. — § 13 Thracas .. praecedere

iusserat s c r u t a r i que calles erinnert an a. I. 61 praemisso Caecina,
ut occulta saltuum scrutaretur. — cap. 5. 2 d e c o r u m futurum r a t u s,
si . . = h. III. 7 decorum . . ratus, si . . — ibid. l e v i et parabili
c u l t u corporis, wie a. XIII. 35 cultu levi. — § 5 in tanto impetu
c u r s u q u e r e r u m, VIII. 5. 19 eodem cursu, quo fluxere adhuc res,
vgl. Agr. 39 hunc cursum rerum, h. IV. 34 cursum rerum sequi, Cic.
fam. IV. 2. 3 perspicis . . qui cursus rerum futurus sit. — § 6 per
vastas solitudines . . euntes fama . . d e b e l l a r i posse; der transitive
(nachklassische) Gebrauch des Verbums findet sich bei Tacitus : Agr.
24 modicis auxiliis debellari obtinerique Britanniam posse, § 34. quos . .
debellavistis u. a. II. 22 debellatis . . nationibus. — § 10 v i n c t u m
ergo se t r a d i et tantam victoriam eripi sibi . . querebatur erinnert an
Agr. 32 vinctos di nobis tradiderunt. — cap. 6. 3 a r m a e t a c i e s,
wie h. IV. 50 per arma atque acies. — § 9. accipit p o c u l u m et
h a u r i t interritus, vgl. a. IV. 10 exceptum poculum Druso tradidisse;
atque illo . . hauriente . .; die Verbindung poculum haurire ist dichterisch. —
ibid. ratus aliquas c o n s c i e n t i a e n o t a s in ipso ore posse d e p r e -
h e n d e r e erinnert an a. XV. 61 nulla pavoris signa, nihil triste in
verbis eius aut vultu deprehensum. — § 14 fomenta corpori admovit,
wie a. XIV. 6 fomenta corpori adhibet. — § 17. pro se quisque dextram
eius amplexi g r a t e s h a b e b a n t (= versicherten ihren Dank) velut
praesenti deo, vgl. a. I. 69. (Agrippinam) laudes et grates reversis
legionibus habentem, Curt. IX. 6. 17 grates ago habeoque, vgl. Nipp.-
Andr. zur Tacitusstelle. — § 18 temeritas i n g l o r i a m c e s s e r a t,
zum Ausdruck vgl. a. XIV. 54 in tuam gloriam cedet, Germ. 36 Chattis
fortuna in sapientiam cessit, Orleaner Palimpsestfragment des Sallust
column. 1*) id illi . . in sapientiam cesserat. — cap. 7. 11 i n t e r
fideles socios h a b e b a t u r, diese nachklassische Konstruktion findet sich
bei Tac. h. III. 12 inter duces habebatur, I. 71, a. XV. 35, II. 83, XII. 53,
66, XIV. 31, XV. 1, XVI. 14, II. 2, VI. 18. — § 13 s u s p i c i o n e m . .
p r a e b u i t; dasselbe Objekt steht bei praebere VI. 2. 6, h. I. 28, Nep.
Dat. 10. 3, Ages. 8. 2. — cap. 8. 7 f a m a b e l l a s t a r e, vgl. VIII.
8. 15, a. VI. 30 magis fama quam vi stare res suas. — § 11 s i m u -
l a t i o n e f r u s t r a r i, findet sich auch h. I. 58. — § 15 steht nachklassisch i n s t i n c t u mit Gen., wie X. 8. 6, h. I. 70, a. I. 32, XV.
49. — § 16 i n t e r g i s . . fugientium h a e s u r u s, vgl. VII. 9. 14

---

*) Vgl. Hauler, Wiener Studien 1887, S. 25 ff.

tergis inhaererent, h. IV. 19 tergis eorum haesurum, wozu Her.,
Liv. XXVII. 42. 6 tergo inhaerebant. — § 18 totis campis; ebenso
18. 10 u. V. 1. 11, h. IV. 18 u. V. 3. — § 21 sicut dubium esset
an (= num) vinceret, diese unklassische Konstruktion steht auch:
h. l. 8 an imperare noluisset, dubium, wozu Her. — § 22 sacrificium
dis praesidibus loci fecit, vgl. h. II. 70 instaurabat sacrum dis loci
und a. XII. 13 vota dis loci suscipiebat. — § 23 itineri simul
paratus ac proelio (vgl. § 25), wie a. l. 51 incessitque itineri et
proelio (wo vielleicht paratus wegen des nach proelio im Text folgenden
pars ausfiel). — § 24 aciem ordinat; dieselbe Verbindung steht h.
IV. 34, bei Livius, Nepos, vgl. Her. zur Tacitusst. — § 26 exercitus . .
cuncta turbaverat, vgl. h. IV. 29 fors cuncta turbare. — cap. 9. 4
pugnacissimas . . gentes, der Superlativ findet sich auch h. IV. 60. —
§ 6 feminarum gregem in medium agmen acceperant, h. III. 63 accepti
in medium. — cap. 10. 1 u. a. IV. 25 trux clamor. — § 2 redditur
(clamor) et a Macedonibus (s. IV. 12. 23), wie h. IV. 18 par a legionibus
redditur clamor. — § 4 tot bellorum victores; derselbe Ausdruck
steht h. II. 28 und IV. 58, vgl. Her. zu h. II. 7. — § 6 spolia
totius Orientis offerri, wie h. IV. 17 spolia Romanorum offerebantur. —
ibid. vix gladio futurum opus, totam aciem . . umbonibus posse
propelli, letztere Phrase findet sich auch h. IV. 29 propellere umbone, pilo
sequi. — § 10 ditibus Persarum campis, wie cap. 11. 20 castra . . opulentia
ditia, a. IV. 55 dites circum terras; dis von Dingen ist poet. und nachklassisch, vgl. VIII. 5. 3. — cap. 11. 2 ceteros in medium belli discrimen strenue transfert; so steht transferre mit persönl. Objekt auch
a. II. 62 oblivio patriae suis quemque ab sedibus hostilem in agrum
transtulerat. — § 9. egregia morte defuncti; morte d. hat Curt.
noch V. 8. 11, VIII. 7. 5; vita defungi steht V. 5. 13, das einfache def.
IV. 10. 20 u. III. 12. 15, sämtliche Verbindungen sind nachklassisch;
bemerkenswert ist, dafs Tacitus (und oft, s. das Lex.) blofs das absolute
d. gebraucht. — § 20 strata erant itinera vilioribus sarcinis, quas in
comparatione meliorum avaritia contempserat, das nachklassische
in c. steht auch h. I. 30 nihil adrogabo mihi nobilitatis aut modestiae;
neque enim relatu virtutum in comparatione Othonis opus est. —
§ 24 sextum annum aetatis egressum, die nachklassische Phrase
findet sich bei Tacitus: a. II. 73 haut multum triginta annos egressum
u. XIII. 6. vix septendecim annos egressus. — cap. 12. 7 iram
doloremque, vgl. h. II. 86 dolorem iramque, IV. 44 dolore iraque,

a. I. 41, II. 19 dolore et ira, II. 82 dolor ira. — § 8 suprema hora, vgl. h. I. 72 suprema necessitas, u. Cic. Muren. 75, Milo 86, Phil. I. 34, IX. 16 supremus dies. — § 11 functas supremo in regem officio (§ 14 suprema officia), vgl. h. III. 25 supremo erga parentem officio fungi, a. III. 2 suprema erga memoriam filii sui munia fungerentur. — § 14 arta propinquitas, wie a. II. 66 u. IV. 68 a. amicitia, Plin. epp. III. 11. 5 a. familiaritas; dieser Gebrauch von artus ist nachklassisch; an der Grenze des klassisch Zulässigen steht Germ. 20 sanctiorem artioremque hunc nexum sanguinis arbitrantur. — § 17. advolvi pedibus steht bei Tac. a. I. 23 und 32. — § 26 quam vellem . . Dareus aliquid ex hac indole hausisset; vgl. h. IV. 5 e moribus soceri nihil aeque ac libertatem hausit, Cic. div. I. 110 animi a natura deorum hausti, ähnliche Stellen s. bei Her. a. a. O. — cap. 13. 7 Gangabas Persae vocant humeris onera portantes: hi cum tolerare („es aushalten“) non possent — quippe procella subito nivem effuderat etc., vgl. zum absoluten tolerare a. I. 20 (Rufus) antiquam duramque militiam revocabat, vetus operis ac laboris et eo immitior, quia toleraverat; ähnlich ist excipere VIII. 4. 5 absolut gebraucht. — § 10 cuncta pavore conpleverat, vgl. a. XII. 47 cuncta lamentatione complebat, h. III. 61 cuncta formidine implebant, Sall. C. 51. 9 cruore atque luctu omnia compleri, Jug. 92. 3 luctu atque caede omnia complentur. ibid. pecunia stipendio (näml. solvendo) ingenti militum praeparata; der Dativ bei praeparare, welcher auch a. XIII. 21 et cetera apiscendo imperio praepararentur steht, ist nachklassisch. — § 17 consciis eius; conscius steht substantivisch und mit persönlichem Genetiv auch h. I. 39 conscium Othonis (nachklassisch).

IV. 1. 2 cursum (equorum) . . aequare non poterant, VIII. 14. 18 aequare velocitatem, h. III. 18 (auxiliares) multi e legionariis . . aequabant. — § 11 ad oppugnandos nos . . venit, wie h. IV. 23 oppugnatum . . legiones nostras venirent, Caes. b. G. I. 44. 3 ad se oppugnandum venisse. — § 14 consulere victis, vgl. a. III. 46 fugientibus consulite, wozu die Anm. v. Nipp.-Andr. — § 16 popularium . . sponte; der nachklassische Genetiv steht auch a. II. 59 (wozu Nipp.-Andr.), IV. 7, 51, VI. 31, XII. 42, XIII. 39, 42. h. III. 16, IV. 19. — § 19 longa cognatione stirpi regiae adnexum, vgl. a. V. 1 sanguini Augusti per coniunctionem Agrippinae et Germanici adnexa. — § 22 inluvie tetrisque sordibus squalidum, vgl. h. IV. 46 inluvie deformes, a. IV. 28 inluvie ac squalore obsitus. — § 26, VII. 11. 29,

X. 10. 4 **a p p o s i t u s** mit Dat. = angrenzend, findet sich in dieser Bedeutung h. III. 71 (poetisch u. nachklassisch). — § 33 consilium .. ratione prudentius, vgl. h. II. 25 consilia cum ratione. — § 35 fortuna **p a r t i u m**, ebenso c. 16. 4, h. IV. 31, III. 5 u. 64. — § 38 opu- **l e n t u s** mächtig, wie a. III. 43., Sall. Jug. 14. 19; auch bei Livius hat op. diese Bedeutung. — ibid. **i n s p e m** totius orbis occupandi, wie c. 14. 1 i. sp. victoriae, h. IV. 42 i. sp. potentiae, die übr. Stellen s. bei Nipp.-Andr. zu a. XIV. 63. — **c a p.** 2. 1 (a continenti) urbem angustum fretum dirimit erinnert an h. II. 58 Hispaniae angusto freto diremptae. — § 5 **a l i o q u i** (n) steht in der Bedeutung „ohnehin" noch V. 13. 12, VII 2. 36, h. III. 32, II. 27, a. IV. 37. — § 9 **m u r o s** .. **m a r e a m b i e b a t**, vgl. h. IV. 79 Batavi .. Oceano ambiuntur. — § 10 **i n t e r q u a e** (= inter haec, interea) steht auch a I. 12 u. ö., s. Nipperd.-Andr. z. St. — § 12 omnia belli apparatu **s t r e p u n t**, ganz ähnlich ist h. II. 84 armorum paratu strepere provinciae, nach Liv. XXVI. 51. 7 urbs ipsa strepebat apparatu belli. — ibid. alia **t u e n d i s u r b i- b u s e x c o g i t a t a**, vgl. h. V. 13 cuncta expugnandis urbibus reperta, h. III. 20 cetera expugnandis urbibus, h. III. 84 cuncta validissimarum urbium excidiis reperta. — § 15 classem **p r o c u l h a b e r e t**; ebenso steht procul habere a. XV. 9 quintam legionem procul in Ponto habebat und in übertragener Bedeutung a. I. 1 quorum causas procul habeo. — § 17 **m i l i t a r e s a n i m o s**, wie V. 10. 9, h. I. 26, a. IV. 2. — § 23 munire steht absolut wie h. III. 15. — **c a p.** 3. 1 ne segniter assidere uni urbi videretur erinnert an h. II. 22 ne inrisus ac vanus isdem castris assideret. — § 4 **h a u r i r i i n c e n d i o**, dieselbe Wendung findet sich h. IV. 60; ähnliche Verbindungen stehen a. III. 72, XII. 58, XV. 39 und bei Livius — § 8 **l a t i t u d i n e m** quoque **a g g e r i** adiecit, ganz ähnlich h. IV. 53 altitudo aedibus adiecta, Veget. IV. 19 altitudinem muris addere, Curt. VIII. 14. 13 magnitudinem corpori adicere videbatur belua. — § 9 **t o t a s a r b o r e s** .. in altum iaciebant, deinde saxis onerabant .. tum humus **a g g e r a b a t u r**, a. I. 19 aggerabatur .. caespes (nicht aggerebatur, kurz zuvor heifst es congerunt caespites). — § 11 **a e g e r a n i m i**, ebenso h. III. 58, Liv. I. 58. 9, II. 36. 4, XXX. 15. 9. — ibid. nec **p e r s e v e r a r e t a n a b i r e t** satis certo; die wohl nach- klassische Verbindung von certus mit indirektem Fragesatz steht auch h. III. 43 magis quid vitaret quam cui fideret certus. — § 17 ingens fragor, h. II. 22. — § 18 **i n t u r b i d o** (sc. mari); bildlich steht es Liv. III. 40. 10 u. h. I. 21. — § 22 **ad deteriora credenda proni**,

2

kürzer Agr. 41 pronum deterioribus, a. XV. 64 ad deteriora promptum (Curt. X. 1. 39 praeceps ad deteriora credenda). — § 23 quod equidem dis minime cordi esse crediderim, h. IV. 81 id fortasse cordi deis. — § 26 loricam . . penetraverat, die dichterische (Verg.) und nachklassische Konstr. findet sich bei Tac. a. I. 69, III. 4, XV. 27, Agr. 27. — cap. 4. 2 discedere irritum, dieselbe Wendung a. I. 59, ähnl. a. a. XV. 7 revertere initi, Senec. benef. VI. 11 inritus rediit, a. XV. 25 irriti remittuntur, Verg. Aen. V. 442 variis adsultibus inritus urguet. — § 4 magna sui parte (vgl. c. 3. 20), a. III. 48 quinta sui parte. — § 6 litori, a quo fremitus acciderant (sc. ad aures); vgl. h. IV. 29 unde clamor acciderat, Liv. XXVII. 15. 16 unde . . accidebat sonus. — § 12 saxorum compage laxata, wie h. III. 27 soluta compage scutorum, a. XII. 35 saxorum compages distractae. — ibid. occupant liberum mortis arbitrium, vgl. a. XI. 3 liberum mortis arbitrium ei permisit, XV. 60 ut . . non illud breve mortis arbitrium permitteret. — § 14 parata saevientibus turba, vgl. Agr. 6 provincia parata peccantibus, h. I. 6 materia audenti parata, (Curt. IV. 14. 11 parata hostibus praeda, Verg. Aen. II. 334 acies parata neci). — § 17 triste deinde spectaculum victoribus ira praebuit regis, vgl. a. VI. 4 accusator ac reus . . gratissimum spectaculum praebebant (Hschr. und Nipp.-Andr. haben unrichtig praebebantur, Sall. Jug. 14. 23 rerum humanarum spectaculum praebeo (a. XIV. 21 id genus spectaculi . . praebuerit steht sp. vom Schauspiel im Theater.) — § 18 praesentium rerum necessitas, dieselben Worte stehen h. I. 78 necessitate praesentium rerum. — § 19 ad memoriam posteritatis insignis, wie IX. 5. 1 rem . . ad famam temeritatis . . insignem, h. I. 35 insigni animo ad coercendam militarem licentiam. — § 21 longa pace cuncta refovente, VIII. 4. 15 refovebat artus; refovere steht bei T. a. II. 47 (praesentia), c. 54 (provincias fessas), XII. 66 (vires), XV. 36 (cives aspectu), h. I. 31 (aegros), III. 58 (ipse . . refovebatur), Vell. I. 15. 1 (vires), Plin. epp. III. 18. 5 (studia), pan. 18 und 69 etc. — Zu longa vgl. h. I. 67 longa pace in modum municipii exstructus u. a. XIII. 35 pace longa. — cap. 5. 1 isdem ferme diebus wie a. I. 31. — § 5 tantum terrarum steht auch h. III. 38. — § 17 aggregant se, vgl. h. I. 60 u. IV. 27 aggregantibus se. — § 20 Pharnabazi copiam fore (Zutritt), vgl. a. I. 58 ubi primum tui copia, a. XI. 2 neque data senatus copia; etwas anderer Art ist Sall. Jug. 22. 5 Adherbalis appellandi copia non fuit. — cap. 6. 12 ut erat non intactae a supersti-

tione mentis, ganz ähnlich h. II. 78 nec erat intactus tali superstitione;
Livius hat intacti religione animi. — § 15 maius fortuna sua **facinus
ausus**, vgl. VIII. 6. 23 quamquam impium facinus ausus foret, VI.
3. 13 ultimum ausus scelus, h. IV. 34 egregium facinus ausus, III.
23 praeclarum facinus ausi. — § 17 u. 24 inter primores steht
auch a. III. 45, Liv. I. 1. 7, III. 18. 8. — ibid. inevitabile est
fatum; das Adj. findet sich noch X. 1. 30 und bei Tac. h. IV. 24 u.
a. I. 74, (dicht.). — § 23 saxo crus eius affligitur, a. IV. 45 caput
saxo afflixit. — § 28 obstinatum ad tacendum, VIII. 1. 30 o.
ad silendum; hiefür sagt Tac. a. III. 15 obstinatus claususque, vgl.
-Curt. IX. 2. 30. — § 31 etiam secundis atterebantur (= mit-
genommen werden) tamen copiae, vgl. Agr. 9 vincere inglorium et atteri
sordidum arbitrabatur. — cap. 7. 1 u. X. 6. 2 precarium imperium,
IX. 2. 34 precario imperator, X. 2. 15 precario rex, vgl. h. I.
52 precarium imperium, Agr. 16 precario praefuit. — § 6 terra
caeloque aquarum penuria est, wie h. IV. 26 aquarum
penuria, Sall. Jug. 17. 5 caelo terraque penuria aquarum, Agr. 12
multus umor terrarum caelique, hist. I. 3 caelo terraque, a. VI. 37
terra caelove, Cic. fin. V. § 9 caelo, mari, terra, ut poetice loquar. —
§ 8 vero maiora (IX. 2. 15 auditu maiora quam vero), ebenso h.
II. 70 maiora vero s. Her., Liv. XXV. 24. 9. — ibid. haud contentus
mortali fastigio, a. XV. 74 tamquam mortale fastigium egresso
(Curt. IX. 10. 24 animo super humanum fastigium elato). — § 9
destinata exequi steht auch VIII. 10. 28, IX. 7. 18, a. XV. 53. —
§ 15 oraculi sedes, vgl. § 16 sedem consecratam deo, h. IV. 82
sacram sedem, IV. 54 Jovis sede, V. 9 sedem (dei). — ibid. corvi . .
modico volatu . . modo humi residebant, cum lentius agmen
incederet, modo se pennis levabant ducentium iterque mon-
strantium ritu, ganz ähnlich ist die Situation h. I. 62 aquila leni
meatu, prout agmen incederet, velut dux viae praevolavit. — § 17
caeli . . temperies, auch IX. 1. 11, t. caeli a. IV. 55 (nachkl.). —
§ 22 est et aliud Hammonis nemus; ähnlich ist die Stellung Germ.
39 est et alia luco reverentia. — ibid. medio die (= sub meridiem),
vgl. h. I. 62 medio diei, was auch h. III. 11, a. XII. 69, XIV. 2
steht, ferner a. XI. 21 per medium diei u. Curt. V. 4. 22 medius erat
dies (sämtliche Ausdrücke nachkl. u. poet.) — § 23 id, quod pro deo
colitur, non eandem effigiem habet, quam vulgo diis artifices accommo-
daverunt, vgl. h. II. 3 simulacrum deae non effigie humana; effigies

= figura ist nachklassisch. — § 26 in adulationem composi-
tus, vgl. Agr. 42 in arrogantiam c., a. XIII. 25 in dissimulationem
sui, h. I. 54 in squalorem maestitiamque, II. 9 in maestitiam, Liv. XXVI.
19. 3 in ostentationem; c. ad — steht: a. XIII. 20 c. ad maestitiam
u. III. 1 cunctis ad tristitiam compositis, h. I. 71 cuncta ad decorem
imperii composita. — ibid. terrarum omnium rectorem = a.
III. 59 rectorem generis humani, vgl. Sall. Jug. 2. 3 animus rector
humani generis. — § 29 avidos gloriae magis quam capaces;
avidus und capax stehen in ähnlicher Weise gegensätzlich a. I. 13
Lepidum dixerat capacem, sed aspernantem, Gallum Asinium avidum
et minorem, Cic. or. § 104 aures avidae et capaces. — § 31 in
maiore libertatis umbra, vgl. a. 1. 81 maiore libertatis imagine. —
cap. 8. 3 cupido.. incesserat; über den absolut. Gebrauch von
incedere vgl. Her. zu h. II. 63 ubi formido incessisset, wo die übrigen
Stellen aufgezählt werden; ebenso gebrauchen das Verb Sall. und
Liv. — ibid. cognoscendae vetustatis avidum (im Bericht
über die Reise Alexanders nach Ägypten), a. II. 59 cognoscendae anti-
quitatis (bei Erzählung der Reise des Germanicus ebendahin). — § 4
(belli) multo maior supererat moles, vgl. a. I. 45 compositis
praesentibus haud minor moles supererat u. Curt. V. 9. 5 ut maior belli
moles supersit. — § 10 oneravit hunc dolorem nuntius etc., ebenso
am Satzanfang hist. II. 52 onerabat paventium curas ordo etc. u. c. 87
onerabant multitudinem obvii etc. — cap. 9. 2. fama vulgat steht
auch VI. 11. 20, VIII. 11. 2, X. 1. 17 ibi namque columnas Herculis
esse fama vulgaverat, wie Germ. 34 superesse adhuc Herculis columnas
fama vulgavit. — § 7 sex milia data, quibus hostem transitu amnis
arceret, vgl. h. IV. 19 ut arceret transitu Batavos u. die Weiter-
bildung der Verbindung a. XV. 10 quo transitum regis arcerent. —
§ 10 opportuna explicandis copiis regio, vgl. a. II. 6
accipiendis copiis . . opportuna (insula). — § 11 Alexandro . . vix
fecerunt fidem mit Inf., c. 10. 34. ut fides facta est vera esse etc.,
vgl. Agr. 11 fidem faciunt m. Inf. — cap. 10. 3 dis invitis in ultimas
terras trahi . . iam . . nec sidera pristinum servare fulgorem erinnert
an a. I. 30 nec frustra adversus impios hebescere sidera. — ibid. in
unius hominis iactationem tot milium sanguinem impendi, vgl.
Agr. 5 nihil appetere in iactationem. — § 4 iam prope seditionem
res erat, X. 6. 12 iam prope ad seditionem pervenerant, ähnlich h. III.
21 prope seditionem ventum, Liv. XXVI. 48. 8 res pr. sed. venit, VI.

42. 10 res pr. s. futura est; ferner: a. **VI.** 13 iuxta seditionem ventum, Sall. h. fr. III. 77. 11 iuxta seditionem erant u. a. **XIV.** 42 usque ad seditionem ventum est. — § 8 rex impetu animorum utendum ratus secunda vigilia castra movit, ganz ähnlich a. I. 28 utendum inclinatione ea Caesar . . ratus circumiri tentoria iubet, Curt. IV. 1. 29 ille utendum animis . . ratus ad Pelusii ostium penetrat. — § 10 speciem magni agminis fecerant, VIII. 12. 7 castellorum fecerant sp., VIII. 13. 8 speciem vasti maris fecerat, vgl. h. IV. 78 sp. novi auxilii fecerant, h. V. 19 continentium terrarum sp. fecerat, h. III, 82 sp. hostilis exercitus fecerant, a. IV. 68 ii sermones . . speciem artae amicitiae fecere; vgl. Curt. VIII. 11. 24. — § 14 fugere con- tentus; der Inßnit. bei contentus steht auch c. 12. 15, VIII. 1. 38, 11. 18, dial. 18, 23 u. 26, Plin. pan. 15. 2, 38. 1, 63. 5, Vell. II. 49. 4, 112. 6, Quint. X. 2. 7 u. wiederholt bei Sen. rhet. — § 16 dubitavit an (= war geneigt . .) eas (literas) pro. contione reci- taret, satis confisus Graecorum quoque . . fidei; ebenso steht dubito an: h. IV. 63 Civilis et Classicus rebus secundis sublati, an coloniam Agrippinensem diripiendam . . permitterent, dubitavere u. a. XIII. 50 (nachkl.). — § 17 promissis imbuendas aures, wie h. IV. 7 ser- monibus aures imbuant. — § 23 necessitudines Verwandte, ebenso h. III. 59, Suet. Aug. 17. — § 24 eximiamque pulchritudinem formae cius non libidinis habuerat incitamentum (die Lesart invita- mentum ist unrichtig), sed gloriae, vgl. a. VI. 1 nec formam tantum . ., sed . . modestam pueritiam . . incitamentum cupidinis habebat. — § 29 vicem reddere, dieselbe Verbind. steht a. XIII. 20, XV. 66, Ovid. am. I. 6. 23, met. XIV. 36. — § 34 de me iam transactum est, vgl. a. II. 65 posse de controversiis conloquio transigi, sonst steht das Verb. intransitiv: Germ. 19 u. h. III. 46, Agr. 34, a. XII. 19 und XIV. 43. — cap. 11. 2 ut pacem a te iam hoc tertio peteret, nulla vis subegit, vgl. a. II. 40 ut ederet conscios, subigi non poterat; auch bei Plautus steht ut nach subigere. — § 11 antea = schon vorher, wie a. VI. 36, wozu Nipperd.-Andr. — § 13 regnum occupare posse condicione, non bello, zu condicione, vgl. h. III. 65 ponendis per condicionem armis u. Her. z. St. — cap. 12. 2 graviore comitatu, vgl. h. IV. 14 gravi comitatu. — § 4 citi equites; citus eques wie h. III. 16 u. Liv. XXVI. 15. 8. — § 5 patentes campi findet sich auch h. III. 8, vgl. c. 21, II. 43. c. 19, Sall. Jug. 101,11 u. 105,3. — § 8 origo sui, ähnl. a. II. 54 origo nostri. —

§ 17 arma et animos, wie h. I. 84 arma et animus. — ibid. nec quicquam ex praesentibus tutius visum est, X. 9. 17 tutissimum ex praesentibus videbatur, vgl. h. III. 69 quod tutissimum e praesentibus, a. II. 80 tutissima e praesentibus, h. IV. 56 optimum e praesentibus ratus, Lys. Erat. 9 ἐκ τῶν παρόντων ἐδόκει μοι ἀναγκαιότατον. — cap. 13. 1 universa futuri discriminis facies in oculis erat (III. 6. 3 u. VIII. 6. 21), vgl. h. IV. 77 universa clades in oculis fuit. — § 2 inania, sicut fremitus hominum . . armorum . . fulgor, h. III. 19 clementiam et gloriam inania. — § 4 discordis moribus, linguis, vgl. h. II. 37 linguis moribusque dissonos, Liv. I. 18. 3 gentes dissonas sermone moribusque. — § 9 furtum noctis, der gleiche Ausdruck steht Agr. 34. — § 13 subitam formidinem incutere, vgl. h. II. 15 s. f. inferre. — ibid. praesides Persarum imperii deos; ebenso h. IV. 53 und Plin. pan. 94. 1; vgl. Liv. XXVI. 41. 18 dii immortales imperii Romani praesides u. III. 7. 1 dii praesides urbis. — § 16 nec somnum capere nec quietem pati poterat, zum Gegensatz von somnus u. quies vgl. h. II. 49 noctem quietem, utque adfirmatur, non insomnem egit u. Quint. decl. mai. X. 11 graves somnos ac placidam quietem. — ibid. demittere agitabat; dieses Verb steht auch VI. 4. 9, a. I. 18, II. 4, c. 82 mit dem Infinitiv (nachklassisch). — § 21 multa lux, wie hist. V. 22, ähnlich steht Cic. Att. V. 4 multo mane, Curt. VI. 11. 12 multam noctem, vgl. Her. zu h. II. 44. 6. — § 28 in societatem nuper ascitos (vgl. VII. 5. 21 u. VIII. 6. 9) erinnert an h. II. 53 in senatum nuper ascitus, vgl. h. IV. 24 adsciri in societatem Germanos u. Her. zu h. III. 52. — § 29 in laevo Craterus Peloponnesium equites habebat Achaeorum . . turmis sibi adiunctis. Vogel klammert sibi (= copiis suis) ohne Not ein; vgl. h. II. 57 ipse e Britannico exercitu delecta octo milia sibi adiunxit. — ibid. hos (= horum agmen) Thessali equites claudebant, so steht claudere in der Bedeutung sich anschliefsen an . . auch Germ. 34 Angrivarios . . Dulgibini cludunt, Germ. 43 retro Marsigni . . terga Marcomanorum Quadorumque claudunt u. Curt. VIII. 2. 20 terga petra claudebat, vgl. auch III. 3. 21. — § 30 cornua . . parata pugnae, h. II. 14 (classis) pugnae parata. — § 33 sine noxa (= ohne Schaden) steht h. III. 23, c. 69, a. III. 73, XV. 34 nach dem Vorgang von Sallust. — cap. 14. 1*) Syriam Aegyptumque praetereuntibus raptas, vgl. h. IV. 33 rapiunt in transitu

---

*) Diejenigen Stellen des Kapitels, welche sich mit solchen des Agricola berühren, s. Seite 8.

hiberna und a. XII. 13 capta in transitu urbs Ninos (Liv. sagt: castra
primo impetu rapere). — § 3 nomina modo vana gentium ignotarum
ne extimescerent, ganz ähnlich ist h. IV. 14 inania legionum nomina
ne pavescerent. — § 4 nihil praeter nomina ad ferre (scil. ad
bellum), vgl. h. III. 9 qui solus ad id bellum artes bonas attulisset u.
I. 37 gloriam ad principatum attulit. — § 5 iusta arma, wic IX.
7. 19, a. XIV. 32. — § 7 iter in patriam et penates (= heimatlicher
Herd), vgl. V. 5. 20 rediturum ad penates et in patriam, VI. 3. 5, IX.
6: 9, h. I. 51 raptus penatium hauserant animo, III. 68, 70, 86, Germ.
15 domus et penatium et agrorum cura, 25, 32, Vell. II. 74. 4; diese
Bedeutung von p. ist dichterisch. — § 8 sic duces, sic proximi militum
instincti sunt, vgl. h. I. 18 tribuni centurionesque et proximi militum
grata auditu respondent. — § 10 magna munimenta regni Tigris
atque Euphrates, vgl. cap. 5. 4 u. h. IV. 26 amnes . . et vetera imperii
munimenta, Sall. Jug. 14. 1 in vostra amicitia exercitus divitias munimenta regni me habiturum. — § 11 pignora (scil. amoris) steht auch
§ 22, V. 5. 16, Agr. 38, a. XII. 2, XV. 36 (nach Dräger zur Agri-
cola-St. ohne Genetiv dichterisch und nachkl.). — § 14 mediam aciem
vanam, exhaustam (gelichtet), in derselben Bedeutung steht dieses
Wort h. II. 76 novem legiones integrae, nulla acie exhaustae. —
§ 15 bello vicerimus, si vicimus proelio, vgl. a. II. 88 proeliis
ambiguus, bello non victus, Germ. 30 alios ad proelium ire videas,
Chattos ad bellum; ähnliche Gegensätze finden sich h. II. 40 u. a.
XII. 39. — § 17 multum enim sanguinem invicem hausimus, h. I. 67
plus . . sanguinis Caecina hausit — § 20 (dii imperium) ad summum
fastigium evexerant, in derselben Bedeutung findet sich evehere
dial. 13 licet illos certamina . . ad consulatus evexerint, Vell. II. 90. 1
quem usque in tertium consulatum amicitia principis evexerat u. II. 30. 3
in summum fastigium evectum. — ibid. in prosperis rebus, h. III. 18
rebus prosperis. — § 21 iactamur invicem varietate fortunae,
vgl. a. XIII. 42 variis . . casibus iactatus, Vell. I. 2. 4 iactati . .
variis casibus. — § 24 Cyri, qui . . imperium primus in Persidem
intulit erinnert an h. II. 48 se (Othonem) primum in familiam
novam imperium intulisse u. a. III. 30 ipse consulatum intulit (sc. in
familiam). — cap. 15. 4 sensim cedere, ebenso § 30 u. h. II. 25. —
§ 9 quidquid obvium erat, quo armari possent, arripiunt, vgl. h.
III. 80 raptis, quod cuique obvium, telis. — § 20 rarior acies, wie
h. III. 25. — § 24 ist egregius soviel als decorus, wie h. I. 15

u. a. III. 6. — § 25 caesi regis decus, wie a. **XIV**. 29 receptae Armeniae decus. — § 28 u. Agr. 35 steht ingens alacritas. — § 32 iam non p u g n a, sed c a e d e s erat; derselbe Gegensatz steht h. **IV**. 33 caedes inde, non proelium u. Liv. **XXIII**. 40. 11, **V**. 44, **XXII**. 48. — c a p. 16. 2 sistere fugam, wie Liv. **XXX**. 12. 1, a. **XII**. 39. — § 6 s p e s languentes . . e r e x e r a t (Parmenio); Vogels Meinung, spes sei Subjekt ist wohl irrig, vielmehr ist spes mit languentes zu verbinden, vgl. h. **IV**. 71 eius adventu erectae spes; ähnlich steht erigere fiduciam **VIII**. 13. 16; dagegen a d s p e m e r i g e r e: **IV**. 10. 7, c. 7. 1, a. **II**. 25 u. Liv. **XXI**., 19,7. c. 20. 9 — ibid. ignarus, quaenam, in dextro cornu fortuna regis esset, r e p r e s s i t s u o s erinnert an h. **II**. 25 doli prudens repressit suos. — § 9 cum i n t a c t u m s i n e r e t pontem, vgl. h. **V**. 23 villas Civilis intactas sinebat . . (klassisch relinquebat) und Nipp.-Andr. zu a. **VI**. 35. — § 10 l u d i b r i a f o r t u n a e, vgl. **V**. 12. 20 nova ludibria subinde excogitante fortuna, a. **III**. 18 ludibria rerum mortalium (Livius hoc quoque ludibrium casus ediderit fortuna). — ibid. propemodum saeculi res in unum illum diem, pro, fortuna cumulavit; ebenso ist cumulare konstruiert a. **XIV**. 53 tantum honorum atque opum in me cumulasti, **I**. 21 probra in legatum cumulant, **XIII**. 2 omnes in eam honores cumulabantur; gewöhnlich steht c. aliquem (aliquid) aliqua re. — § 11 eques pedesque c o n f u s i, ebenso h. **I**. 84 confusi pedites equitesque. — ibid. integris . . debiles inplicabantur erinnert an h. **V**. 15 vulnerati cum integris . . in mutuam perniciem implicabantur (Sall. Jug. 59. 3 inplicare aciem). — § 13 cum supervenisset hostis, novis v u l n e r i b u s e x c i t a b a n t u r, vgl. h. **V**. 22 Romani volneribus exciti. — § 15 e proximis vero itineri vicis ululatus senum feminarumque exaudiebantur, ähnlich Germ. 7 in proximo pignora, unde feminarum ululatus audiri. — § 16 in flumen se praecipitaverant . . g u r g i t i b u s h a u r i e b a n t u r, wie a. **I**. 70 sternuntur fluctibus, hauriuntur gurgitibus. — § 17 i n t r a v i t a n i m o s pavor, vgl. Agr. 5 intravit animum cupido, a. **I**. 39 pavidos . . intrat metus, c. 43 (milites) pudor et gloria intrat. — § 18 praeceps in noctem diei tempus erinnert an h. **III**. 36 praecipiti in occasum die, Liv. **XXV**. 34. 14 praecipiti ad vesperam die. — § 23 in dubiis rebus, vgl. a. **II**. 62 dubiis rebus eius. — § 24 nec Persae inulti cadebant, wie h. **III**. 77 neque inulti cecidere. — § 25 o b s c u r a l u c e, ähnlich ist a. **II** 39 obscuro diei, h. **IV**. 50 obscuro adhuc coeptae lucis, Sall. Jug. 21. 2 obscuro etiamtum lumine (dies obscurior Curt. VIII. 4. 2). — § 28 summae rei . . discrimen, was auch h. V. 15 u. a. II. 12 steht. V. 1. 1 interrumpendae sunt res Asiae, vgl. h. II. 27 neque rerum . . ordinem interrumpi oportebat. — § 5 tali in statu, wie IV. 1. 27 in illo statu rerum, h. IV. 11 tali rerum statu. — § 8 omnia sequi armatos, vgl. h. IV. 32 ausos libertas sequetur, Sall. or. Phil. 9 malos praemia sequuntur (Caes. b. G. I. 4. 1 damnatum poenam sequi oportebat). — § 15 (Tigris et Euphrates) Mesopotamiam . . mediam . . ab utroque latere cludunt, vgl. h. IV. 19 opprimi poterant, si hinc Hordeonius, inde Gallus . . medios clausissent. — § 18 manu promptus famaeque etiam proximo proelio celebris; der gen. qual. famae celebris ist nicht anstöfsig; der abl. qualitatis der Verbindung steht h. I. 52: ipsum celebri ubique fama. — § 23 armatis stipatus, wie h. IV. 11 stipatus armatis. — § 25 murus instructus laterculos; instruere gleich exstruere ist nicht gewöhnlich; es findet sich in dieser Bedeutung noch h. II. 22, Hirtius b. G. VIII. 41. 2, Nep. Them. 6. — § 27 si externa vis ingruat, vgl. h. III. 34 si qua alia vis per Alpes rueret, Liv. VII. 25. 9 si externa vis ingruat. — § 33 solum . . patiens terrae, ganz ähnlich Agr. 12 solum . . patiens frugum, Germ. 5 terra frugiferarum arborum inpatiens, Plin. epp. V. 6. 4 caelum laurum patitur (Livius sagt: amnis navium patiens). — § 34 inviolata durat, ebenso steht durare Germ. 21 implacabiles durant. — § 42 vigiliarum vices . . servant, wie h. II. 93 servare vigilias u. a. XIII. 18 (excubiae militares) servabantur. — cap. 2. 15 hospitales dei, a. XV. 52 dii hospitales. — § 19 non aliud magis in contumeliam . . accipiunt, vgl. a. I. 14 muliebre fastigium in deminutionem sui accipiens, VI. 13. accipere in superbiam XII. 43 in prodigium, XVI. 18 in speciem simplicitatis. — cap. 3. 2 clementiore alveo; clemens = nicht abschüssig ist nach-klassisch; vgl. Germ. 1 clementer edito . . iugo, a. XIII. 38 colles clementer adsurgentes, XII. 33 si qua clementer accedi poterant, h. III. 52 si qua . . iuga clementius adirentur. — § 9 ut decederet, perpellere nequierant, ebenso steht perpello absolut: VI. 5. 32 cupido . . perpulit ut . ., IV. 1. 32 perpulit ne . ., h. III. 54, I. 66, II. 33, IV. 14, Liv. I. 45. 2. — § 11 nec sisti vis hostium poterat, h. III. 71 nec sisti poterant; vgl. Andr. zu a. XIV. 14. — § 21 niti = eniti, wie VIII. 11. 9, VII. 11. 16, h. III. 71, Liv. XXV. 13. 14. — § 23 retro eva-

dere, wie a. XV. 7. — cap. 4.1 non consultare modo, quid
agendum esset, sed vates quoque adhibere coepit; vgl. VII. 11.6
adhibitis, cum quibus consultare erat solitus, h. IV. 19 adhibitis tribunis
.. consultavit u. Caes. b. G. I. 20, wo adhibere ebenfalls absolut
steht. — ibid. a superstitione animi; a bezeichnet das Motiv, wie
h. IV. 72 a metu, vgl. Liv. III. 15.7 ab odio, XXIV. 30.1 ab ira
und Dräger S. u. St. des Tac. § 94. — § 4 implexos arborum
ramos (in einander verschlungen); das poetische Verb findet sich übertragen a XVI. 10 vidua inplexa luctu continuo. — § 7 (Medus) quidquid adluit, vgl. h. II. 81 quidquid provinciarum adluitur mari. —
§ 8 obumbratus amnis ist poetisch; in übertragener Bedeutung
gebraucht Tac. das Wort h. II. 32 nomina .. obumbrentur. — § 10
interrogatus a rege, auditune an oculis conperta haberet, vgl. dial. 8
(exempla) quae non auditu cognoscenda, sed oculis spectanda haberemus. —
§ 18 nix .. ingredientes fatigabat: quippe velut in foveas delati
hauriebantur; ebenso ist hauriri gebraucht h. I. 79 simul altitudine
et mollitia nivis hauriebantur. — § 19 nox et ignota regio ..
multiplicabant metum erinnert an h. III. 68 nox et ignotum rus fugam
Neronis absconderant. — ibid. dux incertum an satis fidus; das
adverbiale inc. an ist hier = vielleicht nicht, wie h. I. 23 u. a. V. 1;
an den übrigen Stellen bei Tacitus hat es affirmative Bedeutung, worüber
Her. zu h. I. 23; vgl. übrigens Liv. VIII. 17.10 incertum qua fide
culturus. — § 20 eques pediti mixtus = h. III. 18 mixtus pedes
equesque. — § 28 ad suos recurrentium miserabilis facies, vgl.
h. IV. 72 accitarum e Mediomatricis legionum miserabilis aspectus. —
§ 31 ancipiti malo oppressi, wie Agr. 26 ancipiti malo territi und
Sall. Cat. 29.1 ancipiti malo permotus. — § 34 raptim agmine
acto (IX. 10.14 agmen raptim agebatur), wie a. XV. 4 acto raptim
agmine; Ähnliches hat Livius. — cap. 5.1 hostes victoriam con-
cesserant, wie a. VI. 35 victoriam concessere; Livius hat nach Vogel
in diesem Sinne wohl nur concedere de victoria. — ibid. locorum
fraude, ebenso VII. 7. 34 u. a. XII. 33, ähnlich Verg. Aen. IX. 397
fraude loci et noctis u. Flor. I. 16.7 montium fraude. — § 5 miserabile
agmen, derselbe Ausdruck a. I. 40. — ibid. inter pauca fortunae
exempla memorandum, vgl. a. XI. 10 claritudine paucos inter senum
regum, wozu Nipp.-Andr.*) — § 8 bonum habere animum iubet; dieselben

*) Vgl. Wölfflin zu Liv. XXII. 7.1.

Worte h. II. 46 bonum haberet animum iubebant. — § 14 in ultima
Orientis relegati, vgl. IX. 2. 9 relegati in ultimum paene rerum
humanarum terminum, a. II. 82 in extremas terras relegatum, Agr.
15 qui relegatum in alia insula exercitum detinerent, Sall. or. Lep. 23
relegati in paludes et silvas. — § 22 centum ad hoc electi u. VIII.
1. 12 spatiosas ad hoc eligunt silvas bedeutet ad hoc hiefür, wie a. VI.
17 ad hoc senatus praescripserat (wo Nipperdey irrtümlich ob hoc kon-
jiciert hat; sonst heifst ad hoc bei Curtius und Tacitus überdies. —
cap. 6. 2 nihil cunctatus, wie h. I. 31. — § 7 semet ipsos . . in
praeceps iacientes, vgl. a. IV. 22 coniugem in praeceps iecit u.
a. VI. 49 iacto in praeceps corpore. — § 14 equo desiluit steht
auch VI. 5. 26 u. a. XV. 28, vgl. a. I. 35 tribunali d.; sonst ist der
blofse Ablativ bei desilire dichterisch (Ovid. met. VII. 378, Hor. Epod.
17. 70). — § 16 nec in deditos gravius consultum, vgl. Agr.
16 ne . . adroganter in deditos et . . durius consuleret u. a. XIV. 38
clementer deditis consulturum. — cap. 7. 1 ingentia animi bona,
vgl. h. I. 15 praecipua humani animi bona. — § 2 hoste et aemulo
regni erinnert an h. I. 44 inimici et aemuli, dial. 34 adversarii et
aemuli. — § 5 omnes incaluerant mero, ähnlich VIII. 1. 22, h.
IV. 29 ut quisque vino incaluerat, a. XI. 37, Liv. I. 57. 8, h. IV. 14
nocte ac laetitia incaluisse, a. XIV. 2 per vinum et epulas incalescere. —
§ 8 hunc exitum habuit regia etc., ebenso h. I. 49 hunc exitum
habuit Servius Galba. — § 9 credunt magis quam sciunt, derselbe Gegensatz findet sich Germ. 34 reverentius visum de actis deorum credere quam scire. — § 12 his copiis auctus (verstärkt, vom
Feldherrn), wie h. IV. 66 Civilis societate Agrippinensium auctus, h.
III. 25 steht recentibus auxiliis aucti von den Truppen. — cap. 8. 9
proditores et transfugae, dieselbe Verbindung VIII. 3. 14 transfuga
et proditor u. Germ. 12 proditores et transfugas. — ibid. fides vestra
et constantia, wie h. III. 54 u. a. XV. 20 fide constantiaque u. a.
I. 58 fidei et constantiae. — § 13 nec di siverint, ut hoc decus
mei capitis aut demere mihi quisquam aut condonare possit, vgl. a. I.
43 neque enim di sinant, ut Belgarum . . decus istud et claritudo sit,
subvenisse Romano nomini etc., die Formel steht auch X. 6. 20, Sen.
contr. I. 1. 17, Petron. 126, Plin. epp. II. 2. 3. — cap. 9. 3 prima
specie, wie IX. 8. 20 u. h. IV. 3, primo aspectu steht in demselben
Sinne a. IV. 32. — § 4 novis initiis . . opus est, vgl. a. I. 16 initiis
Tiberii auditis. — § 14 varii animorum motus, vgl. h. I. 4.

varii motus animorum; ähnlich h. IV. 31 diversi motus animorum, V. 15 diversis animi motibus, a. I. 25 diversis animorum motibus. — cap. 10. 5 ad omne obsequium destinatos, medial = entschlossen; vgl. a. III. 16 audire me memini . . (Pisonem fuisse) destinatum promere apud patres (litteras); im Lexic. Taciteum wird kaum richtig Pisoni ergänzt; a. XVI. 9 animum morti destinatum. — § 7 propalam conprehendi Dareus non poterat erinnert an h. IV. 39 propalam opprimi Antonius nequibat. — § 13 adeo . . parata simulatio est, vgl. h. I. 26 adeoque parata . . dissimulatio fuit. — § 15 securus periculi u. IX. 9. 8 securi casūs, der Genetiv bei securus findet sich auch hist. I. 86 secura casuum (loca), III. 41 dedecoris securos, a. III. 28 potentiae s., Agr. 43 odii, Plin. pan. 18. 2 offensae gratiaeque, 71. 4 magnitudinis suae, Sen., Verg., Horat., Ovid.*) — cap. 11. 6 secundae adversaeque res tuae copulavere nos tecum, vgl. a. III. 34 consortia rerum secundarum adversarumque u. Her. zu hist. IV. 36. — § 10 eludant me licet, quibus forte temere humana negotia volvi agique persuasum est erinnert an a. VI. 22 mihi . . in incerto iudicium est, fatone res mortalium . . an forte volvantur. — ibid. nexu causarum latentium, vgl a. VI. 22 nexus naturalium causarum. — cap. 12. 1 occidendi regis impetum . . ceperat, dieselbe nachklassische Verbindung steht a. XV. 50 cepisse impetum aggrediendi. — § 2 omnia habere venalia, vgl. h. I. 7 venalia cuncta, Sall. Cat. 10. 4 omnia venalia habere. — ibid. terrarum orbis exulem, vgl. a. XVI. 14 eiusdem loci exulem (ebenso steht exul mit Genetiv bei Dichtern wie Hor., Ovid.**) — § 10 quam . . pro solatio petiverat, pro steht wie a. XI. 12 praesentibus frui pro solatio habebat. — § 14 steht dissonus clamor und Agr. 33 dissonis clamoribus. — cap. 13. 8 cum res locusque posceret, wie h. III. 51 quotiens res locusque . . poscet. — § 12 h. III. 20, a. II. 23 steht prospectum adimere. — § 16 deos ultores adesse u. VII. 5. 25 deos sui sceleris ultores adesse steht ultores prädikativ, wie h. IV. 42 liberi . . ultores aderant. — § 19 iubere ut steht auch VIII. 1. 38, iubere mit dem Konj. adhort. VI. 4. 1 u. IX. 4. 23, a. XIII 15 iussit exsurgeret, c. 40 iusserat ut . . resisterent; beides hat Liv. — § 22 plures captivi quam, qui caperent, erant; so findet sich capere absolut auch h. III. 17 spoliare capere.

---

*) Vgl. A. Haustein, de genetivi adiectivis accommodati usu. Halle 1882 p. 56.
**) Vgl. Haustein a. a. O. p. 58.

VI. 1. 14 ultro v o c a n s (= provocans) hostem; ebenso steht
das Simplex Germ. 14, a. VI. 34, II. 81, h. IV. 80, V. 25. —
§ 15 linquente spiritu pariter ac sanguine, vgl. a. XIII. 16 ut vox
pariter et spiritus raperentur. — § 16 f o r t u n a m belli s p e c t a -
v e r a n t, ähnlich h. III. 79 fortunam partium speculabantur, Vell. I.
9. 2 Rhodii . . dubia fide speculati fortunam, a. I. 31 fortunam seditionis
alienae speculabantur. — § 19 a g e r e a r b i t r i a victoriae, VIII. 1. 34
victoriae arbitrium agis, vgl. h. IV. 21 a. arbitrium rerum Romanarum,
a. XIII. 14 regni, Liv. XXIV. 45. 4 libera arbitria a. de . ., XLIV.
15. 5 a. arbitria belli pacisque (XXXII. 37. 5 liberum arbitrium pacis
ac belli permissum, XXXVII. 1. 5 senatui liberum arbitrium de se permitterent). — c a p. 2. 1 q u i e t i s o t i i q u e, vgl. Vell. I. 7. 1 'otii
quietisque, Agr. c. 6, 21 u. 42, dial. 38, Sall. Jug. 66. 2 u. hist. I.
41. 9 D. quies et otium, Plin. pan. 79 otio et quiete. — ibid. c x c e p e r e
e u m v o l u p t a t e s, vgl. dial. 28 (urbis vitia) . . natos statim excipiunt
u. Vogel z. Curtius-Stelle. — § 3, VIII. 4. 28, a. XV. 63 steht parcus
victus. — § 4 l i b e r i o r inter mutuas querellas d o l o r, ähnl. a. II.
34 liberi doloris documentum. — § 6 deiectis in terram oculis, welche
Worte auch stehen h. III. 31 u. a I. 34. — § 8 i n a n i m o . .
h a e r e b a n t, wie h. I. 47 haesisse animo u. Sall. Jug. 28. 1 in animo
haeserat. — § 10 duodecim milia i n c o n g i a r i u m militum a b -
s u m p t a sunt, c. 5. 32 dies in obsequium desiderii absumpti, VIII.
6. 11 i n p e r m u t a n d i s stationum v i c i b u s dies absumpti; beide Kon-
struktionen von absumere sind nachklassisch. Tacitus verbindet das Verb
mit dem blofsen Ablativ des Gerundivs, h. II. 21 nox parandis operibus ab-
sumpta, a. II. 8 plures dies efficiendis pontibus absumpti. Mit dem Ablativ
des Gerunds steht es bereits bei Cic. Verr. II. 96 dicendo tempus absumere,'
Liv. XXVII. 13. 3, XLV. 37. 6, II. 4. 3. *) — § 19 l a u d e f a m a q u e,
VI. 3. 5 u. VIII. 14. 46 laus et gloria; ähnl. Verbindungen bei T. sind:
dial. 7 fama et laus, dial. 18 fama gloriaque, h. IV. 14 laus gloriaque,
dial. 26 laus et gloria. — § 20 difficillima quaeque poscere, ähnl. h.
V. 11 poscebant pericula. — c a p. 3. 2 alia d u c t u meo, alia i m -
p e r i o a u s p i c i o q u e perdomui; derselbe Gegensatz steht a. II. 41
ductu Germanici, auspiciis Tiberii. — § 5 laetitia, p a x, q u i e s, . .
secura possessio, vgl. Germ. 40 u. h IV. 1 pax et quies, dieselbe
Formel findet sich nach Landgrafs Beobachtung (Bl. f. d. bayr. Gym-

---

*) Nach Landgraf de Ciceronis elocutione p. 33, Not. 1.

nasialschulw. XXIII. 34) Plaut. Querol. S. 5. 4 Peip. u. im alten und
neuen Testament. — § 7 fruges . . maturitatem . . expectant . . sua
lege mitescunt, vgl. Agr. 12 (fruges) tarde mitescunt. — § 18
externae opis egentem, wie h. III. 48 externae opis indigam u.
a. III. 54 e. o. indiget, vgl. Sall. or. Cott. 4 egens alienae opis. —
cap. 4. 7 ubi rursus erumpit (amnis Ridagnus); so Germ. 1
donec (Danuvius) in Ponticum mare sex meatibus erumpat, Mel. I.
108 huc Phasis erumpit. — § 8 quartum iam diem . . quietem
militi dederat, vgl. h. IV. 79 nec in longum quies militi data. —
ibid. literas . . accipit, quarum sententia haec erat, wie Sall. Jug.
24. 1 quarum s. haec fuit (ib. 9. 1); etwas anders ist die Wortstellung
h. IV. 75 misere . . epistulas, quarum haec sententia fuit, vgl. a III.
52 quarum s. in hunc modum fuit. — § 10 in praecipiti et
lubrico stantem, hiezu vgl. a. I. 72 se . . in lubrico (esse), a.
VI. 51 in lubrico egit, a. IV. 30 rem publicam in praecipiti, wie
Cic. or. 98 in lubrico versari et consistere, Juven. I. 149 in praecipiti.
vitium stetit, Cels. II. 6 u. V. 26. 3 aeger est in praecipiti. — § 13
multa exilia patere fugienti; so steht exilium vom Orte nachklassisch
auch III. 7. 11, X. 2. 7, h. I. 2 plenum exiliis mare, infecti caedibus
scopuli, h. IV. 44, a. XIII. 55. — §. 16 flexu modico (vom Land);
m. fl. steht auch Germ. 1 und Pompon. Mel. 3. 1 (an beiden Stellen
vom Flufs); letztere Stelle verdankt Verfasser Herrn Professor Wölfflin. —
§ 17 hos (Völkerschaften) ad occasum conversa prospectat (vallis);
ebenso findet sich prospectare gebraucht h. V. 6 septentrionem e latere
Syriae longe prospectant (fines). — § 19 (mare) recipit in se fretum
(= Wogenmasse); diese Bedeutung hat fretum auch a. VI. 33 hibernus
auster revolvit fluctus, pulsoque introrsus freto brevia litorum nudantur,
Curt. X. 7. 11 nullum profundum mare, nullum vastum fretum. —
§ 20 nullo tamen hoste obvio penetrat; ebenso steht das Verb. absolut h. IV. 28 ne quis occultus nuntius venientis auxilii penetraret. —
§ 21 uberrimum gignendis uvis solum, zum Dativ des Gerundivs
vgl. a. XV. 42 neque enim aliud umidum gignendis aquis occurrit quam
Pomptinae paludes. — § 24 experiri clementiam alicuius;
dieselbe Phrase steht auch VIII. 3. 2 u. a. XV. 12, wozu Nipp.-Andr. —
cap. 5. 14 laetiores virent trunci, vgl. h. II. 78 arbor . . laetior
virebat. — § 18 ignotis locis oberrabant, das poetische Verb findet
sich auch III. 4. 12, VIII. 6. 26, a. I. 65 oberrarent tentoriis. — § 27
vestis non toto Amazonum corpori obducitur, a. IV. 56 omnes

detraxisse corpori tegmina, Sall. Cat. 6. 6 delecti, quibus corpus annis in-
firmum . . erat ist der Singular corpori (corpus) bemerkenswert. — § 29
rerum fama Thatenruhm, wie VIII. 14. 41, h. IV. 39 u. Agr.
46 quidquid ex Agricola amavimus, quidquid mirati sumus, manet man-
surumque est in animis hominum, in aeternitate temporum, fama
rerum; nam multos veterum velut inglorios et ignobilis oblivio obruet:
Agricola posteritati narratus et traditus superstes erit. An dieser Stelle
wird irrigerweise vor fama rer. in eingesetzt und fama rer. erklärt als
„der Ruf, den die Geschichte verleiht." Richtiger interpretiert man
wohl, wie folgt: Würde fama rerum fehlen, so müfste aus der folgenden
Begründung nam etc. der Schlufs gezogen werden, dafs blofs die Bio-
graphie des Tacitus das Fortleben des Agricola in animis hominum etc.
bewirkte; gegen eine solche Auffassung erheben aber die beiden Worte
Einspruch, indem sie an augenfälliger Stelle betonen, dafs vor allem der
Thatenruhm den A. verewige. — ibid. dignari steht mit Infinit. noch
VIII. 14. 44 u. dial. 9, h. IV. 81, a. IV. 53 (dichterisch — schon bei
Lucr. II. 1039 — und nachklassisch). — § 31 inrita spei, vgl. h.
IV. 32 inritus legationis, Vell. II. 63. 2 irritus consilii, Val. Max
IV. 3 ext. 3, IX. 15. ext. 1 propositi, Sil. VII. 131 incepti. —
§ 32 acrior ad Venerem feminae cupido; ad ist = hin-
sichtlich und gehört zu acrior, vgl. h. III. 59 Marsi ad cuncta belli
munia acres erant; gehörte ad Venerem zu cupido (wie u. A. Vogel
meint), so würde C. doch wohl acrior feminae ad V.c. gestellt haben. —
ibid. tum illa regnum suum, rex Parthienen petiverunt (die Klassiker
würden hier den Singular setzen, weil die Subjekte in gegensätzlichem
Verhältnis stehen); ähnlich VII. 2. 24 u. X. 10. 2 u. 4; vgl. a. I. 68
Arminius integer, Inguiomerus post grave vulnus pugnam deseruere (so
Tac. immer; die übrigen Stellen sieh bei Her. zu h. II. 30, u. Halm
zu a. XVI. 20. — cap. 6. 3 servilia ministeria wie VIII. 6. 2, h. l. 46,
Liv. XXXIX. 25. 8 Justin. XLIV. 4. 13 u. XXIII. 1. 8 (Sing.). — § 12 (belli)
materia, wie h. l. 89 bello materia. — § 17 ratio mitigavit dolorem (cap. 3. 8 cum feris bestiis res est, quas . . longior dies mitigat),
vgl. Agr. 4 mox mitigavit ratio et aetas (ingenium), Cic. Cael. § 77
iam aetas omnia, iam usus, iam dies mitigarit, Mur. § 65 te . . aetas
mitigabit, epp. fam. 6. 12. 2 (die Cicerostellen nach Landgraf Bl. f. d.
bayer. Gymnasialschulw. XXIII. 33). — § 21 ad Satibarzanen
opprimendum praeverti optimum ratus (Curt. VII. 1. 26 ad id
praevertar); für die Einsetzung von ad, welches in den Handschriften

fehlt, spricht besonders a. II. 55 praeverti ad Armenios instantior cura fuit, vgl. übrigens Vogel zur Curtiusst. und Dräger zur Annalenst. — § 25 edita montium, wie a. XII. 56 m. e. — § 36 sceleris in regem particeps Besso, ebenso steht ungewöhnlich der Dativ der Person cap. 7. 6 u. a. XV. 50 Natalis particeps ad omne secretum Pisoni erat. — cap. 7. 11 animum tanto facinore procul abhorrentem; der blofse Ablativ ist nachklassisch; vgl. Nipp.-Andr. zu a. XIV. 21 abhorruisse spectaculorum oblectamentis u. Wölfflin Archiv IV. p. 279 n. 284. — § 31 ultimum supplicium, wie a. III. 49 (vgl. Curt. VI. 6. 31 suppliciorum ultimum). — ibid. in caput meum praeparatas insidias, vgl. a. XI. 8 necem fratri Artabano .. praeparaverat (Halm paraverat) u. Oros. VII. 5. 11 quanta multitudo hominum praeparatam mortem evaserit. — cap. 8. 6 misericordiam consumpserunt haben das Mafs — erschöpft, wie h. III. 24 ignominiam consumpsistis (Sil. It. XI. 34 consumptus pudor peccando). — § 7 infra magnitudinis tuae fastigium, wie a. XIV. 54 infra tuam magnitudinem. — § 15 ne qua novi initi consilii daretur nota (= signum), vgl. a. VI. 9 datis quibusdam in Scaurum tristibus notis u. Ovid. met. XI. 465 bei Vog. — § 20 aditum domus moliebatur sprengte, wie a. I. 39 moliuntur fores, h. II. 22 u. Liv. XXIII. 18. 2 steht moliri portas. — § 25 nihil potestas regum valebat, nisi prius valuisset auctoritas erinnert sehr an Germ. 11 rex vel princeps .. audiuntur, auctoritate suadendi magis quam iubendi potestate, vgl. Liv. I. 7. 8 auctoritate magis quam imperio regebat loca. — cap. 9. 6 aut studio .. aut ira, vgl. a. I. 1 sine ira et studio. — § 28 truncum corpus dempto capite = h. III. 74 absciso capite truncum corpus. — § 29 haudquaquam pro spe ipsius Amyntae oratio grata regi fuit, vgl. h. IV. 80 non pro spe sua excipitur. — § 36 aeque-quam (meist in negativen Sätzen) kommt schon bei Plautus vor; in die Prosa führt es Livius ein*); bei Tac. findet es sich: dial. 10, h. II. 10, c. 84, IV. 35, V. 3.'IV. 54, a. IV. 49, I. 41, XIV. 38, h. IV. 52, a. IV. 71 h. II. 80, a. II. 52, c. 65. — cap. 10. 20 conscius Dymno tanti sceleris, diese Konstruktion findet sich auch a. I. 43 lot flagitiorum exercitui meo conscius, Sall. Cat. 22. 2 alius alii tanti facinoris conscii; nur mit dem Dativ des pronomen personale ist dieselbe häufig (nach Nipp.-Andr. z. Tacitussl.). — § 33 in ipso robore

---

*) Vgl. Weifsenborn zu V. 3. 4 und bes. Landgraf zu Reisig Vorl. N. 415.

aetatis eripior (= extinguor) = Agr. 44 medio in spatio integrae
aetatis ereptus. — cap. 11. 1 pacis artium . . rudis, vetus miles,
vgl. IX. 8. 23 pacis artibus quam militiae maior et clarior u. h. I. 8
Cluvius Rufus, vir facundus et pacis artibus, bellis inexpertus. — § 2
stolida audacia, wie h. IV. 15; zu stolida audacia ferox,
vgl. a. I. 3 u. Liv. VII. 5. 6 stolide ferocem. — § 15 apud surdas
aures, vgl. a. IV. 29 ap. aur. superbas, I. 31 ap. trepidas aur., II.
39 ap. . . promptas aur., h. I. 26 ap. Galbae aur., Agr. 44 ap. nostras
aur. — § 28 utrumne vino gravatus effudisset illa (scil. verba) u.
h. III. 3 haec ac talia . . truci voce . . effudit ist effundere nachklassisch
gebraucht. — ibid. altiore consilio (tieferliegend), wie h. IV. 14
u. Quint. VIII. 3. 83. — § 29 praemium regis occisi Asiam et totum
Orientem interfectoribus esse cessura; ähnlich ist h. I. 70 Noricos in
certa victoriae praemia cessuros. — § 32 ordinem . . sceleris (Her-
gang des V.); der gleiche Ausdruck findet sich a. IV. 11. —
VII. 1. 1 recentibus sceleris eius vestigiis, vgl. h. III. 19
recentia caede vestigia. — § 6 a duobus indicibus . . delatus, wie a.
XIII. 33 Capitonem Cilices detulerant, XII. 42, XIV. 41; deferre aliquem
ist nachklassisch. — § 11 honorata ministeria; ähnl. bei Tac. h. I. 87,
IV. 17, Liv. XXXII. 23. 9 h. militia, h. III. 12 u. IV. 63 h. custodia. —
§ 14 officii specie, vgl. a. VI. 50 per speciem officii, I. 24 quasi
per officium. — § 19 imputare exitum fortunae; das nachklassische
imputare steht auch § 22 aliquid tempori, cap. 2. 2 fugam innocentiae
fratrum, VIII. 2. 2 licentiam vino, h. I. 55, 38, II. 85, Agr. 27, 34,
h. II. 31, IV. 14, III. 53. — § 23 cum quid accidit tristius, vgl. a.
XIII. 3 nihil. . . triste . . accidisse. — § 25 quidquid irarum in taber-
naculo conceptum est, in hostium effunditur capita, wie h. IV.
68 cuncta magnis imperiis obiectari solita contumeliasque et invidiam
in populum R. effudit (Cic. effundere iram). — § 26 amicitiam, quae
nobis cum Philota fuit, adeo non eo infitias, ut expetisse quoque nos
magnosque ex ea fructus percepisse confitear, ganz ähnlich ist a. VI. 8
fatebor et fuisse me Seiano amicum et ut essem expetisse, et postquam
adeptus eram, laetatum. — § 35 huc (= eo) malorum ventum
est, vgl. a. III. 73 huc arrogantiae venerat u. VI. 24 huc confidentiae
venisse. — § 37 utcumque cessura res est erinnert an a. VI. 8
utcunque casura res est. — cap. 2. 1 infesta contio vix inhiberi potuit,
quin . . saxa in eum iaceret . atque ille sane interritus: nihil,
inquit, pro me deprecor; zu ille sane interritus vgl. a. XV. 62 intro-

misit ad Senecam unum ex centurionibus, qui necessitatem ultimam
denuntiaret. ille interritus poscit testamenti tabulas; vgl. XV. 12
ille interritus . . Armenios petivit. — § 7 insontibus et
fortibus viris, vgl. X. 1. 27 nobilissimi et insontis, a. XIV. 58 clari
atque insontes, XV. 73 claros et insontes. — § 12 (Polydamas) quamquam conscientia fretus in regiam venerat, tamen ut iussus est fratres
suos exhibere . . trepidare coepit, saepius, quae nocere possent, quam
quibus eluderet, reputans. Zu saepius vgl. a. VI. 15 Cassius . .
facilitate saepius (bei öfterer Überlegung des Tiberius, wem er seine
Enkelin zur Gemahlin geben solle) quam industria commendabatur.
Wegen des absoluten eluderet vgl. a. III. 67 neque refellere aut eludere
dabatur. — § 15 velocitate opus est, qua celeritatem famae
antecedas, wie a. II. 39 relinquebat famam aut praeveniebat. —
§ 27 latus gladio haurit = perfodit, wie IX. 5. 11, h. I. 41,
Liv. VII. 10, s. Heräus z. Tacitusstelle. — § 33 hic exitus Parmenionis
fuit, militiae domique clari viri. multa sine rege prospere . . gesserat,
vgl. h. III. 75 hic exitus viri haud sane spernendi . . stipendia in re
p. fecerat domi militiaeque clarus. -- § 34 quae (als . .) facta
probari non poterant, wie a. XV. 51 quae vera non probabantur u.
Plin. epp. III. 9. 12 socii probari . . non poterant. — cap. 4. 3 ferox
verbis, vgl. h. I. 35 lingua feroces u. IV. 71 ferocia verborum. —
§ 9 cum illos, qui pareant, idem quod ceteros maneat erinnert an h.
I. 21 si nocentem innocentemque idem exitus maneat. — § 20 caeli
intemperies, wie h. II. 94 u. a. XVI. 13. — ibid. in suos quisque vicos dilapsi, ganz ähnlich h. III. 10 donec . . sua quisque
in tentoria dilaberentur. — § 25 traxere vitam, wie a. XIV. 48
und a. I. 42 tr. precariam animam. — § 34 u. X. 2. 12 steht canities,
wie Germ. 38, a. I. 18, XIV. 57 u. bei Dichtern. — cap. 5. 1 sar-
cinas et impedimenta, wie h. IV. 34 impedimentis sarcinisque. —
§ 4 vasti et profundi aequoris, vgl. a. II. 24 vasto et profundo
(scil. mari), Sall. h. IV. 37 D. hiavit humus multa, vasta et profunda,
Liv. XXXI. 1. 5 in vastiorem me altitudinem ac velut profundam invehi,
Curt. X. 7. 11 nullum profundum mare, nullum vastum fretum. — § 17
nec pons erigi poterat; erigi ist = fieri, wie h. V. 22 (castra) hiematu-
ris legionibus erigebantur, a. XV. 6 raptim erectis tuguriis, c. 43 ceterum
urbis, quae domui supererant, non ut post Gallica incendia, nulla
distinctione nec passim erecta. — § 20 vindicta Darei, v. = Rächung,
Rache, Strafe ist nachklassisch; Tac. braucht das Wort in den Historien

nicht, in den Annalen 7 mal in diesem Sinne, III. 18, VI. 32, XI. 31,
XII. 20, XIV. 7 u. 35, XV. 51. — § 24 manibus non tempera-
turus, wie a. III. 14 non temperaturos manibus. — § 27 reliqua
belli, wie h. IV. 2 u. 51, a. XIV. 38, Liv. öfter, Vell. II. 123. 1. —
§ 33 passim trucidantur nec . . precibus inhiberi crudelitas potest; passim
heifst hier in Menge (nicht: allenthalben), wie a. II. 17 ceteri passim truci-
dati u. h. IV. 1 passim trucidatis, ut quemque fors obtulerat, vgl. Her. zu h.
IV. 33. — § 41 u. c. 9. 9, h. II. 22 certus ictus. — cap. 6. 8 certare
mit. Infin., wie IX. 4. 33, h. III. 61, Plin. pan. 81. 4 (die Dichterstellen
sieh bei Holstein de Plinii m. elocutione Magdeb. Progr. 1869). —·
§ 13 defectio Bactrianos . . traxit, ganz ähnlich a. VI. 26 Agrippinae
pernicies . . Plancinam traxit. — § 22 oculis caligine offusa,
wie IX. 5. 28 caligine oculis offusa, h. II. 80 offusam oculis caliginem,
Liv. XXVI. 45. 3 cum . . caliginem oculis offudisset. — cap. 7. 1
procul amne submovendas copias, vgl. a. I. 42 (quos) procul a
furentibus submoveo. — § 4 profundae (unermefsliche) silvae, vgl.
Agr. 25 silvarum . . profunda, a. I. 67 profundae paludes. — § 8 ad
superstitionem, humanarum mentium ludibria, revolutus, wie IV.
10. 31 in sollicitudinem suspicionemque revolutus, a. IV. 9 ad vana et
totiens inrisa r., XVI. 18 revolutus ad vitia, a. XI. 34 revolvi ad memoriam,
Justin XXX. 1. 7 revolutus in luxuriam. — § 9 eventus latentium
rerum, wie h. I. 4 eventus rerum, vgl. Her. — § 13 fallitur, qui . .
metitur, dieselbe Satzform h. I. 30 falluntur quibus . . imponit. — § 22
tristia exta, § 29 laetiora exta, h. I. 27 und Cic. div. II. § 36 tristia
exta; Curt. IV. 8. 6 steht omen triste, wie a. XV. 7. — § 33 a lateribus
et a fronte et a tergo hosti ostendit, wie Cic. Phil. III. 22 a tergo, a
fronte, a lateribus tenebitur, a. I. 50 frontem ac tergum vallo, latera
concaedibus munitus, vgl. h. IV. 20 frontem tergaque ac latus tuti u.
a. III. 74 pars aliqua militis Romani in ore, in latere et saepe a tergo
erat. — § 35 magna strage eos fuderat (hinstrecken), wie h. IV. 33
fortissimus quisque funduntur (nicht zu ändern in conciduntur) u. a. XII.
13 fusae . . ferae. — § 38 fame in deditionem subacturus,
vgl. h. III. 8 egestate ad deditionem subigere; Ähnliches hat Livius. —
cap. 8. 7 plura nec dici res desideravit, der acc. c. infin. steht
auch VIII. 3. 12, dial. 27, Caes. b. G. IV. 2. — § 8 velle ipsos ad
eum mandata perferre; dieses Verb steht mit dem gleichen Objekt
a. XIV. 7 mandata perfert. — § 12 ubi tanti numinis fulgor con-
deretur, vgl. (c. 11. 21, IV. 10. 2) a. I. 28 conditam tenebris

(lunam). — § 23 eadem . . velocitate el sequimur et fugi-
mus, zum Gedanken vgl. acerrimus quisque sequentium fugae (= fugientium) citissimus (nach Halm; die Hschr. ultimus, wofür vielleicht
velocissimus zu schreiben ist) erat. — cap. 9.3 qui post tor-
menta constiterant, remigem lorica non indutum scutorum testu-
dine armati protegebant, vgl. h. IV. 23 invasere vallum, adpositis
plerique scalis, alii per testudinem scutorum (wofür die Hschr.
fälschlich suorum hat). — § 6 milites ne excuterentur, solliciti nautarum ministeria turbaverant, vgl. IV. 3.18 miles ministeria
nautarum, remex militis officia turbabat et . . periti ignaris parebant,
IX. 4.10, a. II. 23 miles pavidus . ., dum turbat nautas vel intem-
pestive iuvat, officia prudentium corrumpebat, hist. IV. 16 pars remi-
gum . . tamquam inperitia officia nautarum . . impediebant, Sall. fr.
IV. 9 D. inplicatae rates ministeria prohibebant, fr. inc. 57. D inpediebant
iussa nautarum, Liv. XXII. 19.10 militum apparatu nautica ministeria
inpediuntur, trepidatione nautarum capere et aptare arma miles prohi-
betur. — § 7 temere se offerentes, ähnlich h. II. 14 obtulere se hosti in-
caute. — § 10 perfregere barbarorum aciem, wie h. IV. 20 nostrorum
aciem perfringunt, Caes. b. G. I. 25.2 phalangem perfregerunt. — § 15
transierant Liberi Patris terminos, quorum monumenta lapides erant
crebris (Vogel nimmt (mit Recht) Anstofs an crebris intervallis und
liest crebri, was schon wegen dispositi nicht pafst) intervallis dispositi;
berücksichtigt man a. XII. 24 certis spatiis interiecti lapides per ima
montis Palatini, so wird man geneigt sein, statt crebris certis zu
schreiben. — § 20 ipse Cratero . . sequi iusso ad Maracanda urbem,
ex qua . .; nach urbem wird wohl unrichtig contendit eingesetzt, zu
dessen Ellipse man vgl. a. IV. 57 inter quae . . tandem Caesar in
Campaniam (wozu Nipp.-Andr.) u. Flor. III. 6.12 ipse Pompeius in
originem fonteinque belli Ciliciam; ebenso versteht sich VI. 6.36 hac
manu adiecta Drangas. bellicosa natio est und IV. 1.31 castrisque
positis victores ad populandos agros (vgl. Liv. XLI. 3.5 tunc demum
nuntius ad tertiam legionem revocandam) das Verbum der Bewegung
von selbst. *) — § 21 horum ossa tumulo contegi iussit, vgl. zum
Verb h. I. 49 corpus . . humili sepultura . . contexit. — cap. 10.2
tenuis alveus, wie IX. 4.9, h. V. 19. — § 6 voto expetere

---

*) Curt. III. 3.13 exiguo intervallo . . decem et quinque milia hominum
mufs ibant aus dem drittletzten Satz ergänzt werden.

aliquid steht auch h. IV. 8. — § 9 fide continuere populares, vgl. h. IV. 69 sapientissimum quemque reverentia fideque . . continuit, Liv. XXX. 20. 5. — ibid. in regem caritate, vgl. a. IV. 11 caritate in eum, XIV. 9 c. in patronam, Cic. Lael. 70 in pastores, Liv. I. 34. 5 erga patriam. — § 13 consternatio = defectio (nachkl.) steht bei C. noch c. 2. 32, VIII. 1. 24, X. 2. 15, 8. 14, 2. 21, bei T. h. I. 83, II. 49, IV. 50, a. I. 39. — § 15 modicis inter se spatiis distabant, vgl. h. IV. 46 modicis inter se spatiis discretos, Curt. IV. 11. 13 ingenti spatio . . discretas. — cap. 11. 9 cetera neglegunt (lassen unbesetzt), vgl. h. III. 69 neglecta unbesetzte Stellen. — § 16 u. VIII. 11. 13 instabilis gradus, wie h. II. 35 u. Liv. VI. 12. 8 stabilis gradus, vgl. a. I. 64 idem (locus) ad gradum instabilis. — § 18 aspera saxorum, vgl. a. IV. 6 aspera maris u. III. 5 asperrimo hiemis. — § 25 ea res, sicut pleraque belli vana et inania, vgl. h. II. 69 inter inania belli (welche Stelle die Vermutung res, sicut pleraque belli, vana et inanis widerlegt). — § 28 perditae res steht auch h. IV. 34 u. III. 73. —

VIII. 1. 9 primores steht von Frauen wie h. I. 81 primores feminae. — § 21 validissimam imperii partem erinnert an Agr. 24 valentissimam imperii partem, h. III. 53 validissimam terrarum partem. — § 23 victoriam sui operis fuisse, vgl. h. III. 53 id pulcherrimum et sui operis. — § 22 (rex) gravis etiam eorum auribus, qui . ., vgl. a. XV. 67 nihil in illa coniuratione gravius auribus Neronis accidisse (cogor ipse meis auribus esse gravis Prop.). — § 33 animi prava contentione, vgl. a. IV. 31 tanta contentione animi. — § 35. regio rebellis, vgl. h. IV. 15 r. familia, a. XIV. 39 r. animi. — § 38 dolorem rex pressit (sc. dissimulatione), vgl. a. III. 11. cohiberet ac premeret sensus suos Tiberius, VI. 50 iram premens. — § 45 rapta lancea ex manibus armigeri (= erepta manibus), vgl. h. II. 43 vexilla ex hostibus rapuit, ähnlich steht so rapere a. I. 37 fisci de imperatore rapti, Ovid. met. VIII. 754 rapere securim ab aliquo, Hor. epd. 5. 23 ossa ab ore canis rapere u. ö. — § 48 spatium . . animo det, wie h. I. 32 daret . . paenitentiae . . spatium, Liv. II. 56. 16 daret irae spatium. — cap. 2. 1 rex . . magnitudinem facinoris sera aestimatione perspexit; ähnlich ist die Schilderung der Reue a. XIV. 10 a Caesare perfecto demum scelere magnitudo eius intellecta est.. — § 5 gemitu eiulatuque miserabili totam personans regiam; die transitive Konstruktion von personare steht auch h. III. 76 amoena

litorum personantes, Just. XIX. 2. 8 omnia ululatibus personabant,
Verg. VI. 417 latratu regna trifauci personat. — § 6 scrutan-
temque, num ira deorum ad tantum nefas actus esset,
vgl. h. II. 38 eadem illos deum ira, eadem hominum rabies . . in
discordiam egere. — § 7 cum ipso sociare sermonem, wie h.
II. 74 sociare consilia u. Gran. Licin. 26 ed. Teubn. clam cum Cinna
consilia sociabant; doch hat schon Cic. Planc. 73 periculum vitae suae
cum aliquo sociare. — § 14 regio habitatur. . . frequentibus vicis;
vgl. h. V. 7 campos . . magnis urbibus habitatos u. Verg. Aen. III.
398 cuncta malis habitantur moenia Grais. — § 34 iter primo utcunque
tolerabant (u. cap. 3. 1 aegre fugam . . tolerantem) erinnert an a.
XII. 51 primam utcunque fugam . . toleravit, vgl. a. II. 14, Liv. XXIX.
15. 1, Quint. II. 3. 4. — § 40 omni apparatu atque honore,
zur Verbind. vgl. dial. 32 sine apparatu, sine honore. — cap. 3. 4
acinacem strinxit erinnert an a. XII. 51 destringit acinacem. — § 5
abire conspectu (Sall. Jug. 68. 1 hat ex conspectu abit . .);
sonst findet sich abire mit blofsem Ablativ Liv. X. 24. 48, Tac.
a. II. 19, VI. 22, II 69, Val. Max. IV, 5. 4, Justin. IV. 5. 2 u.
VII. 3. 4, (in der Bedeutung ein Amt niederlegen steht abire gewöhnlich mit dem blofsen Ablativ). — § 8 Spitamenes simulato captus
obsequio; captus = deceptus, wie a. IV. 10 ea fraude captum
(so schrieb Muret für das handschriftliche cum) senem. — § 13 con-
fuderat oris exsanguis notas pallor nec, quis esset, nosci satis
poterat, zu dieser Stelle vgl. a. IV. 63 saepe certamen, si confusior
facies, sed par forma aut aetas errorem adgnoscentibus fecerat:
Prohasel*) schlug unrichtig contusior für confusior vor. — § 14 facinus
aversabatur, wie a. I. 28 facinora aversari deos. — ibid. communium parentem liberum erinnert an a. III. 34 communium
liberorum parente. — cap. 4. 3 meantis exercitus, vgl. a III. 34
Augustum . . meavisse; das Verb ist mit persönlichem Subj. nachklassisch. — § 5 tum repente imber grandinem incutiens torrentis modo
effunditur. ac primo quidem armis suis tecti exceperant (= hatten
es ausgehalten), sed iam . . Vergleiche zu dem absoluten Gebrauch von
excipere den von tolerare III. 13. 7 u a I 20; dieselbe Bedeutung
hat das Verb a. XV. 23 immoto animo . . contumeliam excepisse. —
§ 5 u. a. XV. 18 steht tempestatis violentia (v. l.). — § 7 u. 9 suf-

---

*) commentationes phil. in honorem A. Reifferscheidii.

f u g i u m , das nachklassische Wort steht auch a. XIV. 58, wenn die
Überlieferung richtig ist. — § 13 i n h u m i d o , ebenso steht das Adjektiv substantivisch a. I. 61 umido paludum und 68 per umida et in-
pedita. — ibid. c a e l i s a e v i t i a , vgl. IV. 3. 7 u. Vell. I. 2. 4 s. maris,
h. IV. 38 s. hiemis, a. II. 87 s. annonae, h. IV. 52 saevo mari, Sall.
Cat. 51. 9 s. belli, temporis (= hiemis) Jug. 37. 4. — § 15 s e q u e
e t a r m a sustentans, vgl. Agr. 18 seque et arma regunt. — § 23 u.
a. XII. 44 steht m u l t a c o m i t a t e. — ibid. e x i m i a corporis
s p e c i e , vgl. a. II. 41 eximia ipsius species. — § 25 u. a. I. 54
steht e f f u s u s i n a m o r e m , Liv. XXIX. 23. 4 e. in Venerem, Curt. V.
1. 37 e. in vinum. — cap. 5. 3 u. IX. 2. 27 d i v e s r e g i o , wie Agr. 6
provincia dives, vgl. Curt. III. 10. 10. — § 4. m i l i t a r e s = milites
findet sich auch a. III. 1, XIV. 33, Quintil. XI. 1. 33. — § 9 d i s -
c u b u i s s e t rex; discumbere steht bei T. mit singularischem Subj. h.
II. 68, a. XI. 2, XIV. 22 (was nach Vogel Klassiker nicht haben). —
ibid. c o n v i v i o egreditur; die Bedeutung: Speisezimmer hat das Wort
auch c a p. 6. 13, h. I. 81, III. 38, I. 82. — § 10 q u i b u s (nachklassisch für pro quibus, sc. meritis) . . r e f e r r i g r a t i a m , vgl a.
XV. 62 meritis eorum referre gratiam. — § 11 d i c a t o s d e o s , ähnlich a. I. 59 inter numina dicatus. — § 15 c r e d a t u r d e u s , die
dichterische Konstruktion steht auch VI. 11. 23, h. III. 39 dignus cre-
deretur u. ö. bei Tac; s. das Lex. Tac. — § 18 scilicet ego et tu, Cleo,
d e o s f a c i m u s , zu diesem Ausdruck vgl. VI. 11. 25 deum fecimus,
Germ. 8 nec tamquam facerent deas, Sen. lud. de morte Cl. 11 tales
deos facitis, Petron. frgm. p. 872 Burmann primus in orbe deos fecit
timor. — ibid. facilius est c a e l u m d a r e quam imperium, vgl. a. I. 73
decretum patri suo caelum (das lex. Tac. gibt diese Stelle s. caelum als
in den Historien stehend an). — § 22 c u b a b a t s u p e r regem, vgl. a.
XIV. 4 super ipsum collocata u. Hor. sat. II. 8. 23 Nomentanus erat
super ipsum. — ibid. elicuit iram = movit, wie a. XV. 33 ut . . studia
civium eliceret. — cap. 6. 1 p e r v i c a c i o r i s irae, vgl. a. IV. 53 pervi-
cax irae. — § 12 tanta . . fides inter ipsos fuit, vgl. h. V. 5 apud
ipsos fides obstinata. — § 18 v i c e officii sui e x p l e t a , die Verbindung
steht auch a. IV. 8; ähnlich steht officium explere h. IV. 40 u. Cic. fam.
XVI. 25. — § 25 in a m b i g u o f u i s s e , vgl. h. II. 45 spes et praemia
in ambiguo, Agr. 5 in ambiguo Britannia fuit (sonst ist die Wendung
dichterisch). — § 28, a. IV. 45, XII. 17, XV. 57 steht p o s t e r o (sc.
die). — ibid. qui s a n g u i n e c o n t i g i s s e n t reos, V. 3. 12 Dareum

propinqua cognatione contingens, vgl. a. IV. 68 qui modico usu Sabinum
contingebat; Livius hat c. aliquem propinquitate. — cap. 7. 4 vilissimo
sanguine, vgl. a. I. 76 vili sanguine, Quintil. decl. 160. 27 Ritt., Petron.
105 vilissimo s. — ibid. quibus tu egregiam gratiam rettulisti,
vgl. a. I. 42 egregiam duci vestro gratiam refertis! (ist ein Aufruf,
keine Frage, die Einsetzung von hanc tam vor egregiam ist unnötig),
Verg. Aen. IV. 93 egregiam vero laudem et spolia ampla refertis tuque
puerque tuus!, h. IV. 32 egregium pretium laborum recepi. — § 13
si quis deorum ante Jovem haberetur; diese ungewöhnliche Konstruktion
findet sich bei T. zu antehabere aliquid alicui rei fortgebildet, a. I. 58
vetera novis . . antehabeo, IV. 11 ne . . incredibilia . . veris ante-
habeant. — cap. 8. 4. mihi permittunt uti ingenio meo, vgl. a. VI. 51
suo tantum ingenio utebatur. — § 6 convictum per triennium distuli
(= supplicium convicti d.), vgl. a. I. 58 dilatus segnitia ducis, Nipp.-
Andr. zu a. XIII. 20, Her. zu h. 2. 71, Vog. zur Curtiusst. —
§ 8. summa imis confundi videmus, wie h. IV. 47 fortunae
summaque et ima miscentis, Hor. Od. I. 34, 12 ima summis mutare
u. Her. z. Tacitusst. — § 17 docebo nos non auri aut argenti
cupidos, sed orbem terrarum subacturos venire erinnert an
h. II. 38 subacto orbe opes concupiscere. — § 19 probra iacere in
aliquem steht auch h. IV. 45 u. a. XI. 13, vgl. h. I. 85. — § 21 aulae
et assentantium accommodatus ingenio, zum Gen. aulae vgl. h. 2. 71
cetero Neronianae aulae ingenio (Wesen, Art). — cap. 9. 6. rubro
mari accipitur (Indus), vgl. h. V. 6. Jordanes pelago accipitur. — § 12
alendis frugibus mitia; der seltene Dativ steht auch A. 16 poeni-
tentiae mitior, a. XII. 20. nobilitatibus externis mitis, Liv. XXI. 20. 8.
ne illi quidem ipsi satis mitem gentem, XXIII. 21. 5. mitis ac muni-
ficus amicis (a. XIV. 23 inmitis eis qui . .). — § 15 terra lini
ferax, zum Gen. vgl. a. IV. 72 ingentium beluarum feraces saltus, Liv.
IX. 16. 19 ferax virtutum, Plin. epp. II. 17. 15. arborum illa vel maxime
ferax terra, VIII. 20. 2˙ miraculorum ferax . . terra, Ov. met. VII. 470,
Hor. epod. V. 22.*) — § 28 animalia . . figere (= transfigere),
wie h. IV. 61 quosdam captivorum u. a. II. 17 admotis sagittariis . .
figebantur. — § 37 morari ordinem rerum, wie X. 9. 7 ut ad ordinem
redeam u. h. II. 38. ad rerum ordinem redeo, wozu Her. — cap. 10. 11.
a Libero patre conditos se esse, zur Metonymie, vgl. VI. 2. 14 qui
Parthos condidere, a. IV. 56 seu Tantalus Jove ortus illos . . condidisset. —

---

*) Vgl. Haustein a. a. O. p. 43.

§ 14 sua sponte .. fruges humo nutriente, vgl. h. V. 7 cuncta sponte
edita aut manu sata. — **§ 17** velut in media pace, ähnliche Ausdrücke sind a. XIV. 32 quasi media pace, h. IV. 35. velut multa pace,
I. 77 u. III. 71 ut in multa pace. — **§ 18** Libero patri operatum
habuit exercitum; operari steht von heiliger Handlung auch a. II. 14
vidit Germanicus se operatum, vgl. Nipp.-Andr. z. St. — ibid. epulantes
et sopitos mero erinnert an h. IV. 79 largis epulis vinoque sopitos. —
§ 20 pluribus simul locis arma ostendit, vgl. a. XIII. 56 arma a
tergo ostenderet, G. 41 a. ostendamus, a. VI. 37 a. ostentasse. —
§ 23 praeruptis utrimque ripis, ähnlich h. II. 41. praeruptis
utrimque fossis. — **§ 27** consilii incertum, vgl. dial. 13 incertus
futuri, a. II. 75 i. ultionis; ähnliche Genetive hat Liv.*) — cap. 11. 2
hanc ab Hercule frustra obsessam esse terraeque motu coactum ab-
sistere (scil. ab incepto) fama vulgaverat, vgl. h. III. 74 pervicere,
ut absisteret (sc. a precibus). — **§ 3** abrupta rupes, wie h. V. 11
extrema rupis abrupta u. Plin. epp. VIII. 4. 2 montium abrupta. —
§ 6 petra .. cuius .. altiora, vgl. h. II 22 altiora murorum. —
§ 11 u. IX. 6. 10 steht audaciae promptae, vgl. a. I. 57 u.
XIV. 40 audacia promptus. — ibid. nec deinde quisquam Macedonum
substitit, wie h. II. 50 nec deinde coetu hominum .. (avem) territam
u. Liv. I. 16. 1 nec deinde in terris Romulus fuit. — **§ 13** provolvere
saxa, h. III. 27 pr. pondera saxorum. — **§ 15** acrius quam cautius,
derselbe Gegensatz steht a. XI. 29 cautis quam acribus consiliis tutius,
vgl. Curt. IV. 16. 29 prudentius qu. avidius, cap. 6. 14 acrius qu. con-
stantius, h. IV. 65 avidius qu. cautius, II. 24 avidius qu. consultius. —
§ 22 petram fuga Indorum esse desertam erinnert an h. I. 41 desertum fuga populi forum, vgl. Curt. VIII. 10. 19 destituta incolentium
fuga u. Agr. 22 castellum .. fuga desertum. — cap. 12. 1 gravius
agmen, auch a. I. 64 u. IV. 73. — cap. 13. 13 temeritate atque
audacia, wie dial. 6 audaciae atque ipsius temeritatis. — **§ 15** temeritas
felix, vgl. h. IV. 77 felici temeritate. — **§ 16** cuncta cernentis
e ripa, vgl. h. IV. 34 cuncta e muris cernentes. — **§ 25** periculo
gloriam accersens, z. Gedanken vgl. Agr. 42 famam fatumque
provocabat, a. XV. 23 unde gloria egregiis viris et pericula gliscebant
u. IX. 4. 20 ubi par gloria, minus periculum esset (a. XIV. 22 steht
infamia et periculum). — cap. 14. 1 humani ingenii vitio, wie Sall.
h. I. 7 D. vitio humani ingenii, vgl. more humanae cupidinis Sall. fr. inc.

---

*) Vgl. Haustein a. a. O.

94 63, Jug. 93. 3 more ingeni humani, Tac. h. I. 22 cupidine ingenii humani
u. h. V. 13 more humanae cupidinis. -- § 2 luce aperiente aciem
erinnert an h. IV. 29 aciem dies aperuit, Curt. IV. 12. 23 lux aciem
ostenderat, vgl. Liv. III. 15. 8 lux aperuit bellum, XXVII. 2 lux fugam
aperuit, Agr. 38 proximus dies faciem victoriae latius aperuit. — § 4
innnobiles currus in luvie ac voraginibus haerebant, safsen fest in —;
ebenso steht der blofse Ablativ nach neuerem Sprachgebrauch a. I. 65
haesere caeno fossisque impedimenta und h. I. 47 convicia ac probra,
quae haesisse animo eius etc., s. Curt. VI. 2. 8, der aber haerere in
animo sagt; vgl. Nipp.-Andr. zur St. aus den ann. — § 7 per lubrica
atque invia, wie h. III. 82 per . . lubrica viarum, a. I. 65 lubrico
paludum. — § 9 acerrime pugnam cientem, vgl. h. II. 25 impigre
pugnam ciens, IV. 78 u. a. III. 41; die Verbindung kommt schon bei
Livius vor, die Stellen sich bei Her. a. a. O. — ibid. currus vagari
sine rectoribus enthält einen Anklang an Agr. 36 vagi currus,
exterriti sine rectoribus equi, wozu vgl. Sall. fr. h. I. 96 D. equi sine
rectore exterriti. — § 11 militare flagitium, ähnliche Ausdrücke
sind: a. I. 27 militiae flagitia und Sall. Jug. 54. 4 flagitium militiae. —
§ 17 mediam . . aciem . . perrupit, wie h. II. 44 media acie
perrupta. — § 23 pavidum ad omnia animal erinnert an h. II. 68
ad omnes suspiciones pavidus. — § 24 fugae circumspicie-
bant locum; dafür sagt Tacitus h. III. 73 fugam . . circumspectabant
u. a. XIV. 35 fugam circumspicere. — § 31 u. IX. 5. 9 expositus
ad ictus, vgl. h. II. 53 exp. ad invidiam; auch Liv. hat diese Konstruktion. — § 44 magnitudinem animi . . infractam, vgl. h.
V. 26 spe vitae, quae plerumque magnos animos infringit. — § 46
simplicius tamen famam aestimabat in hoste, wie a. XV. 2
modestiae fama . . a dis aestimatur (= wird anerkannt). — ibid.
credebat magnitudinem suam . . clariorem fore, quo maiores fuissent,
quos ipse vicisset; ein ähnlicher Gedanke findet sich a. XII. 36 dum
suum decus extollit, addidit gloriam victo

IX. 1. 3 finem terrarum, wie Agr. 33 in ipso terrarum ac
naturae fine u. Curt. IX. 2. 26 perdomito fine terrarum. — § 9 in
eximiam altitudinem editis arboribus, vgl. h. III. 71 aedificia in
altum edita u. a. II. 16 editis in altum ramis. — § 17 vincula . .
iussit incidi (= intercidi), zu welcher Bedeutung von incidere vgl. h.
V. 22 incisis tabernaculorum funibus, wozu Her., u. a. XVI. 19 incisas
venas. — § 20 seditio in diversa consilia diduxerat vulgum; zu

dieser nachklassischen Wendung vgl. h. IV. 6 ultio . . senatum in
studia diduxerat, II. 68 in studia diductis u. a. IV. 17 diductam civi-
tatem. — § 23 clementiam regis simulque vim commemorando;
dieselbe Verbindung steht a. IV. 50 longo usu vim atque clementiam
Rom. edoctus. — § 24 gens . . sapientia excellet bonisque moribus
regitur, wird am besten erläutert durch Germ. 19 plusque ibi boni
mores valent quam alibi bonae leges. — § 34 nec adfirmare
sustineo, de quibus dubito, nec subducere, quae accepi, vgl. Germ. 3
quae neque confirmare argumentis neque refellere in animo est, Liv.
praef. 6 ea nec adfirmare nec refellere in animo est u. V. 21. 9 neque
adfirmare neque refellere. — § 35 diversam regionem = remotam;
diese nachklassische Bedeutung hat das Wort auch VIII. 13. 20, h. I.
81 diversa itinera, II. 44, a. I. 17 diversas terras, IV. 46, XV. 37,
II. 60 diversum mare, III. 2 diversa oppida, c. 59 diverso terrarum. —
cap. 2. 9 insatiabilis cupido famae nihil invium, nihil remotum
videri sinebat, vgl. Agr. 27 nihil virtuti suae invium et penetrandam
Calidoniam. — § 25 vos modo animos mihi plenos alacritatis ac
fiduciae adhibete, bringt mir entgegen, zu dieser Bedeutung von adhibere vgl. a. XIV. 53, wo Seneca zu Nero sagt: ego quid aliud muni-
ficentiae tuae adhibere potui quam studia etc. Nipperd.-Andr. erklärt
adhibere (kaum richtig) als: anwenden auf . ., einwirken auf sie. —
§ 28 gloriam . ., qua humanum fastigium excedit is erinnert an
a. IV. 40 excessisse iam pridem equestre fastigium. — § 30 obstinatum
silentium rumpite, vgl. a. I. 74 rupta taciturnitate (u. Curt. IV.
6. 28). — ibid. date hoc precibus meis, wie a. II. 61 datum id . .
precibus Artabani u. XII. 61 precibus eius dandum, ut . . — cap. 3. 7
emensis maria, vgl. h. IV. 84 tantum maris emensi. — § 11 in-
strumenta belli, wie h. I. 88 instrumentum belli. — cap. 4. 22
seditionis remedia, ähnlich h. I. 83 remedium licentiae. — cap. 5. 15
mortis solacium, Trost im Tode, vgl. h. IV. 85 solacium mortis,
Agr. 44 mortis . . solacium. — cap. 6 8 tot civium animas trahere
in casum, dieselbe Verbindung steht a. VI. 7 tractique sunt in casum
eundem. — § 12 horret animus cogitatione rei, quam paulo ante
vidimus, vgl. h. IV. 58 horret animus tanti flagitii imagine; es ist also
nicht richtig, in der Curtiusstelle cogitationem zu schreiben. — § 13
totidem proditores, totidem desertores sumus; vgl. h. I. 72 desertor
ac proditor, II. 44. desertorem proditoremque, a. III. 10 desertor et
proditor. — § 19 munera fortunae, wie a. XVI. 6 fortunae munera. —

cap. 7. 2 arma spectare, vgl. h. II. 74 bellum armaque circum-
spectare, Curt. V. 1. 4 praedam sp., Liv. IX. 10. 5 arma sp., III. 69. 2
arma et bellum sp. — § 12 decoro habitu (VIII. 4. 23 decor habitus);
T. sagt h. IV. 40 decorus habitu. — § 16 pugil nobilis et ob eximiam
virtutem virium regi pernotus et gratus; virtus virium i. = virtus
et vires, welche Verbind. steht Germ. 35 praecipuum virtutis ac virium
argumentum; Ähnliches sieh bei Vogel. — ibid. per seria et ludum,
vgl. a. II. 13 per seria per iocos (Curt. III. 7. 3 per ludum atque otium).
— § 22 intentare (drohend erheben) stipitem, bei T. steht das Wort
in eigentlicher Bedeutung: h. I. 69 tela ac manus intentant, II. 18 tela i.,
IV. 41 manus, a. I. 27, III, 36, h. III. 31 i. ictus, a. XII. 47 verbera. —
cap. 8. 16 rursus amnem .. repetit, ähnlich a. VI. 1 saxa rursum
et solitudinem maris repetiit. — § 23 modico civilique cultu, liberalis
inprimis adituque facile erinnert an Agr. 40 cultu modicus, sermone fa-
cilis. — § 26 per quietem vidisse se exponit speciem draconis oblatam;
per quietem ist nachklassisch für per somnum, was III. 3. 7 u. IV. 3. 21
steht, oder für in somno (so IV. 2. 17); vgl. h. IV. 83 oblatum per quietem
.. iuvenem. — cap. 9. 1 cupido visendi Oceanum adeundique terminos
mundi; zur Verbindung der Verba vgl. h. II. 2. cupido .. adeundi visendi-
que templum. — § 4 iam nihil gloriae deesse (= ad gloriam d.),
vgl. a. XIV. 53 ut nihil felicitati meae desit nisi moderatio eius, vgl.
Curt. IV. 16. 6. — § 6 qui interrogati, quam procul abesset mare, re-
sponderunt nullum ipsos mare ne fama quidem accepisse = de mari
accepisse. zu dieser nachklass. Wendung vgl. a I 8 a parentibus acceperant diem illum .. servitii. — § 8 insulam medio amni sitam evecti
u. § 27 evectus os eius (amnis) = vehendo assecutus; den seltenen
Accusativ bei diesem Verb hat auch Tac. a. XII. 36 fama eius evecta
insulam u. XIV. 52 privatum modum evectas opes (= supergressas);
vgl. Sil. Ital. XVI. 372 medium evecti certamine campum. — § 13 clauda
navigia, vgl. a. II. 24 claudae naves, Lucr. IV. 434 clauda videntur
navigia, Liv. XXXVII. 24. 6 claudas .. naves. — ibid. aliae navium in-
consulte ruentes non receperant, vgl. h. III. 77 (Liburnicas) nimio
ruentium (Nipperd. konjicierte irruentium) onere pressas mare hausit. —
§ 19 classis .. in vado haerebat, wie h. IV. 27 cum (navis) per vada
haesisset. — § 20 mare .. reddebat terras, vgl. a. I. 70 lux reddidit terram. — § 22 nec finis malorum, vgl. a. l. 65 neque is
miserarum finis u. c. 53 nec is libidini finis. — § 22 famem et
ultima erinnert an h. IV. 59 famem ferrumque et (= und überhaupt)

extrema passuros. — § 23 invictum animum curae obruunt, vgl.
h. III. 67 obruebatur animus miseratione curaque. — cap. 10. 8 desertam vastamque regionem; zur Verbindung der Adjektiva vgl. h.
III. 84 Palatium vastum desertumque. — § 21 suspectus res no-
vare voluisse, zum Infinitiv vgl. X. 1. 39 regnum adfectasse suspectus, h. I. 46 suspectus consilia eius fovisse, IV. 34 s. bellum malle,
Sall. hist. IV. 11 D. suspectus societatem . . composuisse. — § 24 aemu-
latus patris Liberi . . famam, sive illud triumphus fuit ab eo primum
institutus, sive bacchantium lusus: das Neutrum illud steht ganz so Agr.
43 sive cura illud sive inquisitio erat. Ähnliche Beispiele von Unter-
lassung der Attraktion s. b. Nipp.-Andr. zu a. I. 49. — § 28 fortuna
.. hoc quoque militiae probrum vertit in gloriam, vgl. a. I. 51
culpam in decus vertere. —

X. 1. 3 principes feminarum stupra perpessae; vgl. zu pr.
fem. a. XIII. 42 corrumpere cubicula principum feminarum. — § 4
avaritia ac libido, h. I. 7 steht avaritia et libidine, Liv. XXIX. 9.
12 per libidinem atque avaritiam. — § 6 laeti recidisse iram in
irae ministros, vgl. a. VI. 10 quo laetius acceptum sua exempla in con-
sultores recidisse. — ibid. potentiam scelere quaesitam erinnert
an h. I. 83 principatum scelere quaesitum. — § 11 nuntiabant autem
quaedam audita, alia comperta; zum Gegens. von aud. und comp.
vgl. a. III. 19 alii quoquo modo audita pro compertis habent. —
§ 12 truci cantu, wie h. II. 22 cantu truci. — § 15 lixas
mercatoresque; Tac. sagt h. IV. 15 lixas negotiatoresque, a. II. 62
lixae ac negotiatores. — § 27 potentiam flagitio et dedecore
(h. II. 37 flagitia ac dedecus) quaesitam in caput .. insontis exercuit erinnert an h. I. 30 nemo .. imperium flagitio quaesitum bonis artibus exercuit. — § 42 degenerare a semet ipso i. s. v. a. h. III. 28
degenerare a fama vitaque sua. — ibid. invictus adversus libidinem animus, vgl. VII. 6. 23 inv. adversus ea,' IX. 2. 23 adversus
multitudinem invicti Macedonum roboris, a. XV. 21 inv. adversum gratiam
animus, Sall. Jug. 43. 5 advorsum divitias invictum animum. — cap. 2. 7
omnia potius toleraturi, die gleichen Worte stehen a. XIII. 42
omnia potius toleraturum. — § 10 quo facilius ab integris sumptu-
osos discerneret, zu integris vgl. h. I. 4 pars populi integra = fortunis
integra. — § 12 regni sedem, wie a. XV. 6 sede regni. — § 15
rupistis imperium; die Verbindung steht auch h. III. 19 rupturi
imperium, a. XIII. 36 rupto imperio. — ibid. quid haec repens con-

sternatio et tam procax atque effusa licentia (h. II. 19 consternatio ac
licentia) denuntiat? (= hat zu bedeuten); zum Verb vgl. besonders
Germ. 18 hoc iuncti boves, hoc paratus equus, hoc data arma denuntiant.
— ibid. noscendi ius, vgl. VI. 7. 25 u. IX. 2. 2; auch Tac. braucht
öfter noscere = cognoscere von der gerichtlichen Untersuchung, so a.
VI. 9, XII. 60. — § 17 dispari in causa idem omnium clamor erinnert an h. I. 72 par inde exsultatio disparibus causis. — § 22 und
h. I. 83 heifst insanire Aufruhr erheben. — § 27 facessite hinc ocius;
facessere = abire findet sich bei den Komikern und auch a XVI. 34
flentes .. facessere propere Thrasea .. hortatur. — § 28 desertoribus
transfugisque, vgl. h. I. 30 transfugae et desertores. — cap. 3. 11 u. 5.
33, a. II. 34, c. 45, XII. 37, Plin pan. 49. 6. Justin. VII. 3. 8 und
bei Dichtern steht dedignari mit Infinit. — cap. 5. 2 cum excessero
(scil. vita); das nachklassische excedere = mori steht auch a. I. 5 excessisse Augustum, a. II. 75 excessisse Germanicum und h. II. 55 excessisse Othonem (nach Stangl; Hschr. cessisse). — § 7 ac primo plo-
ratu lamentisque et planctibus (h. IV. 45 planctum et lamenta) tota
regia personabat: mox velut in vasta solitudine omnia tristi silentio
muta torpebant erinnert mehrfach an a. III. 4 dies quo reliquiae tumulo
Augusti inferebantur, modo per silentium vastus, modo ploratibus in-
quies. — § 12 publicas vires ad se quemque tracturum, vgl.
h. II. 57 exercitus vires trahere, a. I. 2 munia in se tr., h. IV. 11
cuncta in se tr. — § 21 vicem flebat und § 22 flebat mortuos; so
ist flere auch a. VI. 10 transitiv gebraucht (dichterisch und nachklassisch
nach Dräger Syntax u. St. d. Tac. § 25. — § 24 die Verbindung ac-
cidere genibus steht auch h. III. 38, a. XV. 53 und bei Livius. —
cap. 6. 1 in quem Alexandri fortuna esset transitura, vgl.
h. III. 49 hac totius orbis nutatione fortuna imperii transit, a. XI. 12 velut
translata iam fortuna und wegen fortuna Nipp.-Andr. zu a. XI. 30 ser-
vitia et ceteros fortunae paratus. — cap. 7. 1 seditionem ac discordiam; ähnlich steht h. II. 86 discordiae et seditiones, II. 23 seditiones
ac discordia, I. 84 seditio et discordia, a. VI. 3 discordia et seditio. —
§ 5 in iuvenem .. intendens probra, vgl. a. III. 36 probra sibi
et minae intendantur. — ibid. dum miserentur, etiam favere coe-
perunt; die Worte erklären hist. II. 29 ut .. Vitellius processit, gaudium
miseratio favor. — § 7 quem (Arrhidaeum) .. milites Philippum
consalutatum („begrüfsten ihn als Philippus u. —") regem appellant,
vgl. a. II. 56 venerantes regem Artaxiam consalutavere (Zenonem), („be-

grüfsten ihn unter Erweisung von königlichen Ehren als Artaxias"). — § 11 nova et brevi duratura libertate, vgl. dial. 34 magnam et duraturam famam, h. I. 52 precarium imperium et brevi transiturum, II. 49 sepulcrum . . modicum et mansurum, a. IV. 38 pulcherrimae effigies et mansurae, Plin. epp. VI. 16. 2 (ad Tacitum): plurima opera et mansura, IX. 19. 6 duraturam memoriam. — cap. 8. 9 secretas cogitationes intra se quoque volvente; intra se für secum ist nachklassisch, vgl. a. XIV. 53 ut plerumque intra me ipse volvam, ähnl. dial. 3 hanc tragoediam . . intra me ipse formavi, a. IV. 40 quid intra animum volutaverim. — § 13 villarum vicorumque, vgl. a. XIII. 57 villas arva vicos — § 17 spem gratiae cito abrumpere; die nachklassische Phrase steht auch a. IV. 50 abrumpendas . . spes u. h. III. 63 abrupta undique spe. — § 23 concordia et pace, zur Verbind. vgl. h. III. 70 pacem et concordiam, h. I. 56 concordia et pax, Sall. or. Phil. 10 pace et concordia, ibid. § 13. — cap. 9. 1 u. a. XIII. 17 steht insociabile regnum. — 3 noctis, quam paene supremam habuimus, wie h. I. 11 annum . . reipublicae prope supremum, Liv. VI. 17. 4 (nox) paene ultima . . nomini Romano. — § 5 condere gladios steht auch Quintilian. VIII. praef. 15 u. Tac. h. IV. 66, vgl Hor. epd. 7. 2 enses conditi. -- § 16 minabatur omnes turmas . . inducturum (heranführen) se in recusantes, vgl. IX. 6. 7 invisitatas beluas inducat, a. XIII. 39 in testitudinem conglobatos subruendo vallo inducit, Verg. Aen. XI. 620 princeps turmas inducit, Liv. X. 33. 1 und XXXIV. 15. 6. — cap. 10. 11 ipsis usus patet, ignotus est advenis erinnert a. II. 5 at si mare intretur, promptam ipsis possessionem et hostibus ignotam. § 14 filium, Antipatri inter ministros = Antipatri ministrum, vgl. a. XV. 51 Proculus, occidendae matris Neroni inter ministros; ähnliche Stellen sieh im Lex. Taciteum unter inter.

Index.

(Die eingeklammerten Zahlen gehen auf die Seite des Programmes).

4

— 54 —

Druckfehler-Berichtigung.
S. 25 Z. 15 ist zu lesen laterculo statt laterculos.